Das Buch

Voller Sorge um den bedrohten Weltfrieden stellte Erich Fromm kurz vor seinem Tod im März 1980 diesen Essay-Band zusammen und wählte dessen zentrales Thema ›Über den Ungehorsam‹ als Titel. Die Essays zeigen, wie tief und leidenschaftlich sich Fromm mit dem Frieden und dem Überleben der Menschheit beschäftigt hat. Nicht anders als der gehorsame Adolf Eichmann, der Millionen von Juden nach Auschwitz geschickt hat, ohne sich einer Schuld bewußt zu sein, werden auch in einem möglichen nächsten Krieg gehorsame Menschen ohne ein persönliches Motiv, sondern nur auf Befehl hin Raketen starten. Daher plädiert Erich Fromm für den notwendigen Ungehorsam als Bejahung von Vernunft und eigenem Willen: Im Ungehorsam sieht er die wahrscheinlich einzige Chance, der Menschheit eine Zukunft zu geben. »Erich Fromm formulierte in diesen Essays, was es heißt, der eigenen menschlichen Natur und dem Ziel einer humanen Gesellschaft gegenüber gehorsam zu sein. Und er formulierte, was es heißt, allen Idolen und politischen Ideologien gegenüber ungehorsam zu sein. Was er geschrieben hat, ist auch heute noch gültig.« (Annis Fromm)

Der Autor

Erich Fromm, Psychoanalytiker und Sozialphilosoph, wurde 1900 in Frankfurt am Main geboren. Nach seiner Promotion 1922 in Heidelberg kam er mit der Psychoanalyse Freuds in Berührung und wurde selbst Psychoanalytiker. Von 1930 bis 1938 gehörte er der sogenannten Frankfurter Schule an. 1933 emigrierte er in die USA, wo er u. a. am Psychoanalytischen Institut Chicago, an der Columbia University und an der Michigan State University lehrte. 1950 bis 1965 war er Ordinarius für Psychoanalyse an der Universität von Mexico City. Fromm verfaßte 20 Bücher und viele Artikel, durch die er weltweit bekannt wurde. Er starb 1980 in Locarno.

Erich Fromm:
Über den Ungehorsam
und andere Essays

Aus dem Amerikanischen von
Liselotte Mickel und Ernst Mickel
Editorische Anmerkungen von
Rainer Funk

Deutscher
Taschenbuch
Verlag

dtv

Von Erich Fromm
sind im Deutschen Taschenbuch Verlag erschienen:
Haben oder Sein (1490)
Das Christusdogma (10281)
Psychoanalyse und Ethik (15003)
Psychoanalyse und Religion (15006)
Sigmund Freuds Psychoanalyse – Größe und Grenzen (15017)
Über die Liebe zum Leben (15018)
Die Revolution der Hoffnung (15035)
Die Seele des Menschen (15039)
Arbeiter und Angestellte am Vorabend des
Dritten Reiches (4409)

Ungekürzte Ausgabe
1. Auflage November 1985
3. Auflage März 1988: 23. bis 28. Tausend
Deutscher Taschenbuch Verlag GmbH & Co. KG, München

Titel der amerikanischen Originalausgabe:
On Disobedience and Other Essays
(The Seabury Press, New York 1981)

ISBN 3-421-01946-0
Umschlaggestaltung: Boris Sokolow
Umschlagfoto (Rückseite): DVA (Müller-May)
Gesamtherstellung: C. H. Beck'sche Buchdruckerei, Nördlingen
Printed in Germany: ISBN 3-423-15011-4

Inhalt

Vorwort

Was es heißt, menschlicher Natur und dem Ziel einer humanen Gesellschaft gegenüber gehorsam, allen Arten von Idolen und politischen Ideologien gegenüber jedoch ungehorsam zu sein, das hat Erich Fromm in diesen Essays auf den Begriff gebracht. Seine Überlegungen sind nicht überholt. Denn der Ungehorsam gegenüber allen Arten von Konformismus und ein kritischer Standpunkt, was den »common non-sense« anbelangt, sollten immer noch unser wichtigstes Ziel sein.

Seine psychologische Einsicht in gesellschaftliche und politische Phänomene veranlaßte ihn, für einige Zeit die Sozialistische Partei der Vereinigten Staaten zu unterstützen, sich in der Friedensbewegung und für die Abrüstung zu engagieren. Damit praktizierte er seinen eigenen Ungehorsam allen Formen des sogenannten »gesunden Menschenverstandes« und des offiziellen politischen Denkens gegenüber und gehorchte dem wirklichen rationalen Denken, wie es uns von den Propheten überliefert und von Menschen wie Albert Schweitzer und Bertrand Russell vorgelebt wurde.

Alle Essays in diesem Band waren schon vorher in Büchern und Zeitschriften verstreut veröffentlicht. Hier sind sie zum ersten Male zusammengefaßt. Sie zeigen, wie tief und wie leidenschaftlich sich Erich Fromm mit dem Frieden und dem Überleben der Menschheit beschäftigt hat.

Ich möchte allen danken, die bei der Veröffentlichung dieses Buches geholfen haben.

Locarno, Schweiz
1981

Annis Fromm

Der Ungehorsam als ein psychologisches und ethisches Problem

Jahrhundertelang haben Könige, Priester, Feudalherren, Industrielle und Eltern darauf bestanden, daß *Gehorsam eine Tugend und Ungehorsam ein Laster sei.* Ich möchte hier einen anderen Standpunkt vertreten und dem folgendes entgegenhalten: *Die Menschheitsgeschichte begann mit einem Akt des Ungehorsams, und es ist nicht unwahrscheinlich, daß sie mit einem Akt des Gehorsams ihr Ende finden wird.*

Nach dem hebräischen und auch nach dem griechischen Mythos steht am Anfang der Menschheitsgeschichte ein Akt des Ungehorsams. Als Adam und Eva noch im Garten Eden lebten, waren sie ein Teil der Natur; sie standen in voller Harmonie mit ihr und transzendierten sie noch nicht. Sie befanden sich in der Natur wie der Embryo im Mutterleib. Sie waren Menschen und gleichzeitig waren sie es noch nicht. All das änderte sich, als sie einem Gebot nicht gehorchten. Dadurch daß der Mensch seine Bindung an die Erde und Mutter löste, daß er die Nabelschnur durchtrennte, tauchte er aus der vormenschlichen Harmonie auf und konnte so den ersten Schritt in die Unabhängigkeit und Freiheit tun. Der Akt des Ungehorsams setzte Adam und Eva frei und öffnete ihnen die Augen. Sie erkannten, daß sie einander fremd waren und daß auch die Außenwelt ihnen fremd, ja sogar feindlich war. Ihr Akt des Ungehorsams zerstörte die primäre Bindung an die Natur und machte sie zu Individuen. Die Erbsünde hat den Menschen keineswegs verdorben, sondern setzte ihn frei; sie war der Anfang der Geschichte. Der Mensch mußte den Garten Eden verlassen, um zu lernen, sich auf die eigenen Kräfte zu verlassen und ganz Mensch zu werden.

Die Propheten haben mit ihrer messianischen Vorstellung die Idee bestätigt, daß es richtig gewesen war, nicht zu gehorchen; daß der Mensch durch seine »Sünde« nicht verdorben, sondern von den Fesseln der vormenschlichen Harmonie befreit wurde. Für die Propheten ist *die Geschichte* der Ort, wo der Mensch menschlich wird. Im Lauf der Geschichte entwickelt er die

Kräfte seiner Vernunft und Liebe, bis er eine neue Harmonie zwischen sich selbst, seinen Mitmenschen und der Natur erzeugt. Diese neue Harmonie wird als »das Ende der Tage« beschrieben, als jene Geschichtsperiode, in der Friede herrscht zwischen Mensch und Mensch und zwischen Mensch und Natur. Sie ist ein »neues«, vom Menschen selbst geschaffenes Paradies, ein Paradies, das er nur schaffen konnte, weil er wegen seines Ungehorsams gezwungen wurde, das »alte« Paradies zu verlassen.

Ebenso wie im alttestamentlichen Mythos von Adam und Eva geht auch nach dem griechischen Mythos die gesamte menschliche Zivilisation auf einen Akt des Ungehorsams zurück. Dadurch daß Prometheus den Göttern das Feuer stahl, legte er die Grundlage für die Entwicklung des Menschen. Ohne das »Verbrechen« des Prometheus gäbe es keine Geschichte der Menschheit. Genau wie Adam und Eva wird auch er für seinen Ungehorsam bestraft. Aber er bereut ihn nicht und bittet nicht um Vergebung. Ganz im Gegenteil sagt er voll Stolz: »Ich möchte lieber an diesen Felsen gekettet als der gehorsame Diener der Götter sein.«

Der Mensch hat sich durch Akte des Ungehorsams weiterentwickelt. Nicht nur, daß seine geistige Entwicklung nur möglich war, weil es einzelne gab, die es wagten, im Namen ihres Gewissens und Glaubens zu den jeweiligen Machthabern »nein« zu sagen – auch die intellektuelle Entwicklung hatte die Fähigkeit zum Ungehorsam zur Voraussetzung, zum Ungehorsam gegenüber Autoritäten, die neue Ideen mundtot zu machen suchten, und gegenüber der Autorität lang etablierter Meinungen, die jede Veränderung für Unsinn erklärten.

Wenn auch die Fähigkeit zum Ungehorsam den Anfang der Menschheitsgeschichte darstellte, so könnte doch der Gehorsam sehr wohl deren Ende sein. Ich sage das nicht im symbolischen oder poetischen Sinn. Es besteht die Möglichkeit, ja sogar die Wahrscheinlichkeit, daß die menschliche Rasse in den nächsten fünf bis zehn Jahren die Zivilisation, ja sämtliches Leben auf der Erde vernichten wird. Hierin wäre weder Vernunft noch Sinn. Tatsache ist, daß wir zwar technisch im Atomzeitalter leben, daß aber die meisten Menschen – einschließlich all derer, die an der Macht sind – emotional noch in der Steinzeit leben. Unsere Mathematik, unsere Astronomie und unsere Naturwissenschaften gehören dem zwanzigsten Jahrhundert an. Unsere Ideen über die Politik, den Staat und die Gesellschaft sind jedoch weit hinter dem Zeitalter der Naturwissenschaft zurückgeblieben. Wenn die Menschheit Selbstmord begehen wird, dann deshalb, weil die Menschen denen gehorchen werden, die ihnen befehlen, auf den Knopf zu drücken, der die Vernichtung auslöst, weil sie den archaischen Leidenschaften von Angst, Haß und Gier und den veralteten Klischeevorstellungen von der Souveränität des Staates und von der nationalen Ehre gehorchen werden. Die Sowjetführer reden viel von der Revolution, und wir in der »freien Welt« reden viel von der Freiheit. Aber sie wie wir unterbinden den Mut zum Ungehorsam – in der Sowjetunion ausdrücklich und gewaltsam, in der »freien Welt« unausgesprochen und mit den raffinierteren Methoden der Überredungskunst.

Mit all dem ist natürlich nicht gesagt, daß jeder Ungehorsam eine Tugend und jeder Gehorsam ein Laster sei. Eine derartige Auffassung würde die dialektische Beziehung außer acht lassen, die zwischen Gehorsam und Ungehorsam besteht. Immer wenn die Prinzipien, denen man gehorcht und denen man nicht gehorcht, miteinander unvereinbar sind, ist ein Akt des Gehorsams dem einen Prinzip gegenüber notwendigerweise ein Akt des Ungehorsams seinem Widerpart gegenüber und umgekehrt. Das klassische Beispiel für diese Dichotomie bietet uns Antigone. Wenn sie den unmenschlichen Gesetzen des Staates gehorcht hätte, so hätte sie notwendigerweise den Gesetzen der Menschlichkeit nicht gehorcht. Wenn sie letzteren gehorchte, mußte sie den ersteren den Gehorsam verweigern. Alle Märtyrer der Religion, der Freiheit und der Wissenschaft mußten denen den Gehorsam verweigern, die sie mundtot zu machen suchten, um ihrem eigenen Gewissen, den Gesetzen der Menschlichkeit und Vernunft folgen zu können. Wenn ein Mensch nur gehorchen und nicht auch den Gehorsam verweigern kann, ist er ein Sklave; wenn er nur ungehorsam sein und nicht auch gehorchen kann, ist er ein Rebell und kein Revolutionär; er handelt dann aus Zorn, aus Enttäuschung und Ressentiment und nicht aus Überzeugung oder Prinzip.

Um jedoch eine Begriffsverwirrung zu vermeiden, müssen

wir hier eine wichtige Klärung vornehmen. Jeder Gehorsam gegenüber einer Person, einer Institution oder Macht (heteronomer Gehorsam) ist Unterwerfung; er impliziert, daß ich auf meine Autonomie verzichte und einen fremden Willen oder eine fremde Entscheidung anstelle meiner eigenen akzeptiere. Wenn ich dagegen meiner eigenen Vernunft oder Überzeugung gehorche (autonomer Gehorsam), so ist das kein Akt der Unterwerfung, sondern ein Akt der Bejahung. Meine Überzeugung und mein Urteil sind – sofern sie wirklich die meinen sind – ein Teil von mir. Wenn ich diesen und nicht dem Urteil anderer folge, bin ich wirklich ich selbst. Man kann das Wort »gehorchen« deshalb nur in einem metaphorischen Sinn und in einem Sinn, der sich von der Bedeutung des »heteronomen Gehorsams« grundsätzlich unterscheidet, verwenden.

Diese Unterscheidung bedarf noch zweier weiterer Klarstellungen, von denen sich die eine auf das Gewissen und die andere auf den Begriff der Autorität bezieht.

Das Wort »Gewissen« steht für zwei völlig unterschiedliche Erscheinungen: einmal für das »autoritäre Gewissen«, die internalisierte Stimme einer Autorität, die wir zufriedenstellen und keinesfalls verärgern möchten. Dieses autoritäre Gewissen erleben die meisten Menschen, wenn sie »ihrem Gewissen gehorchen«. Es ist dies auch das Gewissen, von dem Freud spricht und das er als »Über-Ich« bezeichnet. Es repräsentiert die internalisierten Gebote und Verbote des Vaters, die der Sohn aus Angst vor ihm respektiert. Von dem autoritären Gewissen unterscheidet sich das »humanistische Gewissen«, die in jedem Menschen gegenwärtige Stimme, die von äußeren Sanktionen oder Belohnungen unabhängig ist. Das humanistische Gewissen gründet sich auf die Tatsache, daß wir als menschliche Wesen intuitiv wissen, was menschlich und was unmenschlich ist, was das Leben fördert und was es zerstört. Dieses Gewissen hilft uns, als menschliche Wesen zu funktionieren. Es ist die Stimme, die uns zu uns selbst, zu unserer Menschlichkeit zurückruft.

Das autoritäre Gewissen (Über-Ich) ist auch dann immer noch Gehorsam gegenüber einer Macht außerhalb unserer selbst, wenn diese Macht internalisiert ist. Bewußt glaube ich meinem Gewissen zu folgen, tatsächlich aber habe ich die Prinzipien der *Macht* in mich aufgenommen. Gerade wegen der Illusion, daß das humanistische Gewissen und das Über-Ich identisch seien, ist die internalisierte Autorität soviel wirksamer als die Autorität, von der ich mir bewußt bin, daß sie kein Teil von mir selbst ist. Der Gehorsam gegenüber dem »autoritären Gewissen« schwächt – wie jeder Gehorsam gegenüber Ideen und Mächten, die von außen an uns herantreten – das »humanistische Gewissen« und unsere Fähigkeit, wir selbst zu sein und selbständig zu urteilen.

Auch die Behauptung, der Gehorsam einem anderen Menschen gegenüber sei *ipso facto* Unterwerfung, ist dahingehend zu qualifizieren, daß man zwischen einer »rationalen« und einer »irrationalen« Autorität unterscheidet. Ein Beispiel für »rationale Autorität« ist die Beziehung zwischen Lehrer und Schüler; ein Beispiel für »irrationale Autorität« ist die Beziehung zwischen Herr und Sklave. Beide Beziehungen beruhen darauf, daß die Autorität dessen, der die Befehle erteilt, akzeptiert wird. Dynamisch gesehen sind sie jedoch verschiedener Natur. Die Interessen von Lehrer und Schüler liegen (im Idealfall) in der gleichen Richtung. Der Lehrer ist befriedigt, wenn es ihm gelingt, seinen Schüler zu fördern; gelingt es ihm nicht, so haben beide Teile Schuld. Der Sklavenhalter dagegen möchte seinen Sklaven soweit wie möglich ausbeuten. Je mehr er aus ihm herausholt, desto befriedigter ist er. Gleichzeitig versucht aber der Sklave, seinen Anspruch auf ein Minimum an Glück so gut wie möglich zu verteidigen. Die Interessen von Herr und Sklave sind deshalb antagonistisch, weil das, was für den einen von Vorteil ist, dem anderen schadet. Die Überlegenheit des einen über den anderen hat in beiden Fällen eine unterschiedliche Funktion. Im ersten Fall ist sie die Voraussetzung für die Möglichkeit, den der Autorität Unterworfenen zu fördern; im zweiten Fall ist sie die Voraussetzung für seine Ausbeutung. Ein anderer Unterschied läuft diesem parallel: Die »rationale Autorität« ist deshalb rational, weil die Autorität, ob sie sich nun beim Lehrer befindet oder etwa beim Kapitän eines Schiffes, der in einer Notsituation seine Befehle erteilt, im Namen der Vernunft handelt, die ich – weil sie universal ist – akzeptieren kann, ohne mich zu unterwerfen. Irrationale Autorität muß sich der Gewalt (oder der Suggestion) bedienen, weil sich niemand ausbeuten ließe, wenn es ihm freistünde, es zu verhindern.

Weshalb ist der Mensch so leicht bereit zu gehorchen, und weshalb fällt ihm der Ungehorsam so schwer? Solange man der Macht des Staates, der Kirche, der öffentlichen Meinung gehorcht, fühlt man sich sicher und behütet. Tatsächlich macht es kaum einen Unterschied, welcher Macht man im einzelnen gehorcht. Es handelt sich stets um Institutionen oder um Menschen, die sich auf die eine oder andere Art der Gewalt bedienen – und die arglistig Allwissenheit und Allmacht für sich in Anspruch nehmen. Mein Gehorsam gibt mir Anteil an der Macht, die ich verehre, und daher fühle ich mich stark. Ich kann gar keinen Fehler machen, denn sie trifft ja die Entscheidung für mich; ich kann auch nicht allein sein, denn sie wacht über mich; ich kann keine Sünde begehen, denn sie läßt es nicht zu, und selbst wenn ich trotzdem sündige, läuft meine Strafe doch nur auf die Rückkehr zur allmächtigen Macht hinaus.

Um ungehorsam zu sein, muß man den Mut haben, allein zu sein, zu irren und zu sündigen. Die Fähigkeit zum Mut hängt aber vom Entwicklungsstadium des Betreffenden ab. Nur wenn ein Mensch sich vom Schoß der Mutter und den Geboten des Vaters befreit hat, nur wenn er sich als Individuum ganz entwickelt und dabei die Fähigkeit erworben hat, selbständig zu denken und zu fühlen, nur dann kann er den Mut aufbringen, zu einer Macht nein zu sagen und ungehorsam zu sein.

Ein Mensch kann durch den Akt des Ungehorsams, dadurch daß er einer Macht gegenüber nein sagen lernt, frei werden; aber die Fähigkeit zum Ungehorsam ist nicht nur die Voraussetzung für Freiheit – Freiheit ist auch die Voraussetzung für Ungehorsam. Wenn ich vor der Freiheit Angst habe, kann ich nicht wagen, nein zu sagen, kann ich nicht den Mut aufbringen, ungehorsam zu sein. Tatsächlich sind Freiheit und Fähigkeit zum Ungehorsam nicht voneinander zu trennen. Daher kann auch kein gesellschaftliches, politisches oder religiöses System, das Freiheit proklamiert und Ungehorsam verteufelt, die Wahrheit sprechen.

Es gibt noch einen anderen Grund, weshalb es so schwer ist, ungehorsam zu sein und zur Macht nein zu sagen. In der Geschichte des Menschen wurde meistens Gehorsam mit Tugend und Ungehorsam mit Sünde gleichgesetzt. Der Grund ist einfach: Bisher hat während des größten Teils der Geschichte eine Minderheit über die Mehrheit geherrscht. Diese Herrschaft war deshalb notwendig, weil von den guten Dingen des Lebens nur für die Wenigen genügend vorhanden war und für die Vielen nur die Brosamen übrigblieben. Wenn die Wenigen die guten Dinge genießen wollten und wenn sie darüber hinaus wollten, daß die Vielen ihnen dienten und für sie arbeiteten, so ging das nur unter der Voraussetzung, daß die Vielen lernten zu gehorchen. Natürlich kann man Gehorsam mit nackter Gewalt erzwingen, doch hat diese Methode viele Nachteile. Sie bringt die ständige Gefahr mit sich, daß die Vielen eines Tages Mittel und Wege finden könnten, die Wenigen in ihre Gewalt zu bekommen; außerdem gibt es viele Arten von Arbeit, die nicht richtig ausgeführt werden können, wenn nur die nackte Angst dem Gehorsam zugrunde liegt. Daher mußte der Gehorsam, der lediglich auf der Angst vor der Gewalt beruhte, in einen Gehorsam verwandelt werden, der von Herzen kam. Der Mensch muß gehorchen wollen, ja das Bedürfnis dazu spüren, anstatt nur Angst vor dem Ungehorsam zu haben. Um das zu erreichen, muß die Macht die Qualitäten des Allgütigen, Allweisen und Allwissenden annehmen. Wenn das geschieht, kann die Macht verkünden, daß Ungehorsam Sünde und Gehorsam Tugend sei. Sobald dies einmal verkündet wird, können die Vielen den Gehorsam akzeptieren, weil er etwas Gutes ist, und den Ungehorsam verabscheuen, weil er etwas Schlechtes ist – anstatt sich selbst zu verabscheuen, weil sie Feiglinge sind. Dann wird der Grundsatz aufgestellt, den Martin Luther (1967, S. 192) in die Worte gefaßt hat: »Drum soll hier erschlagen, würgen und stechen, heimlich oder öffentlich, wer da kann, und daran denken, daß nichts Giftigeres, Schädlicheres, Teuflischeres sein kann als ein aufrührerischer Mensch; (es ist mit ihm) so wie man einen tollen Hund totschlagen muß: schlägst du (ihn) nicht, so schlägt er dich und ein ganzes Land mit dir.« Von Luther bis ins neunzehnte Jahrhundert hatte man es mit offenen und unverhüllten Autoritäten zu tun. Luther, der Papst, die Fürsten wollten sie erhalten; die Mittelklasse, die Arbeiter, die Philosophen versuchten, sie aus dem Sattel zu heben. Der Kampf gegen die Autorität im Staat wie auch in der

Familie war oft geradezu die Basis für die Entwicklung einer unabhängigen und wagemutigen Persönlichkeit. Der Kampf gegen die Autorität war nicht zu trennen von der intellektuellen Stimmung, die für die Philosophen der Aufklärung und für die Naturwissenschaftler kennzeichnend war. Dieser »kritische Geist« glaubte an die Vernunft und zweifelte gleichzeitig an allem, was gesagt oder gedacht wurde, wenn es sich auf Tradition, Aberglauben, Sitte oder Macht gründete. Die Grundsätze *sapere aude* und *de omnibus est dubitandum* (»Wage zu wissen« und »Zweifle an allem«) waren charakteristisch für eine Einstellung, welche die Fähigkeit, nein zu sagen, zuließ und förderte.

Wie sieht es heute mit der Autorität aus? In den totalitären Ländern herrscht die offene Autorität des Staates, die sich auf eine Verstärkung des Respekts vor der Autorität in Familie und Schule stützt. Die westlichen Demokratien dagegen sind stolz darauf, das autoritäre System des neunzehnten Jahrhunderts überwunden zu haben. Aber haben sie das wirklich – oder hat sich dort nur die Eigenart der Autorität geändert?

Unser Jahrhundert ist das Jahrhundert der hierarchisch organisierten Bürokratien in der öffentlichen Verwaltung, der Wirtschaft und den Gewerkschaften. Diese Bürokratien verwalten Dinge und Menschen in gleicher Weise. Sie folgen dabei gewissen Grundsätzen, vor allem dem wirtschaftlichen Prinzip des Bilanzausgleichs, der Quantifizierung, der maximalen Effizienz und des Profits, und sie funktionieren im wesentlichen nicht anders als ein Computer, der mit diesen Prinzipien gefüttert wurde. Das Individuum wird zu einer Nummer und verwandelt sich in ein Ding. Aber gerade weil es keine offene Autorität gibt, weil der einzelne nicht »gezwungen« wird zu gehorchen, kann er sich der Illusion hingeben, er handle freiwillig und folge nur seinem eigenen Willen und Entschluß oder er richte sich nur nach einer »rationalen« Autorität. Wer könnte wohl dem »Vernünftigen« den Gehorsam verweigern, wer wollte der Computer-Bürokratie nicht gehorchen, wer kann den Gehorsam verweigern, wenn er nicht einmal merkt, daß er gehorcht? In der Familie und in der Erziehung geschieht dasselbe. Die mißverstandenen Theorien von der progressiven Erziehung haben zu einer Erziehungsmethode geführt, bei der dem Kind nicht mehr gesagt wird, was es zu tun hat, wo ihm keine Anordnungen gegeben werden oder wo es nicht mehr bestraft wird, wenn es solche nicht ausführt. Das Kind soll sich selbst »ausdrücken«. Aber es wird ihm von seinen ersten Tagen an ein heilloser Respekt vor der Konformität eingeimpft, die Angst, »anders« zu sein, und die Furcht, sich von der Herde zu entfernen. Der so in Familie und Schule aufgezogene »organisierte Mensch«, dessen Erziehung dann in den großen Institutionen vervollständigt wird, besitzt Meinungen, aber keine Überzeugungen; er amüsiert sich und ist unglücklich dabei; er ist sogar bereit, sein Leben und das seiner Kinder im freiwilligen Gehorsam gegenüber unpersönlichen und anonymen Mächten zu opfern. Er akzeptiert die Kalkulationen, die man über die voraussichtlichen Todesopfer anstellt, wie sie bei den Diskussionen über einen Atomkrieg üblich geworden sind: Die Hälfte der Bevölkerung eines Landes tot – »noch ganz annehmbar«; zwei Drittel tot – »vielleicht gerade nicht mehr«.

Der Fall Eichmann ist symbolisch für unsere Situation und besitzt eine Bedeutung, die weit über das hinausgeht, womit sich seine Ankläger im Jerusalemer Gerichtshof beschäftigten. Eichmann ist der Prototyp des Organisationsmenschen, des entfremdeten Bürokraten, für den Männer, Frauen und Kinder zu bloßen Nummern geworden sind. Er ist ein Symbol für uns alle. Wir können uns selbst in Eichmann wiedererkennen – aber das Allerschrecklichste an ihm ist, daß er sich, nachdem er alles zugegeben hatte, völlig gutgläubig für unschuldig erklären konnte. Es ist klar: Wenn er wieder in die gleiche Situation käme, würde er sich wieder genauso verhalten. Und auch wir würden das – und auch wir tun das!

Der Organisationsmensch hat die Fähigkeit zum Ungehorsam verloren, er merkt nicht einmal mehr, daß er gehorcht. An diesem Punkt der Geschichte könnte möglicherweise allein die Fähigkeit zu zweifeln, zu kritisieren und ungehorsam zu sein, über die Zukunft für die Menschheit oder über das Ende der Zivilisation entscheiden.

Die Anwendung der humanistischen Psychoanalyse auf die marxistische Theorie

Marxismus ist Humanismus. Sein Ziel ist die volle Entfaltung aller Möglichkeiten des Menschen: nicht des von seinen Ideen oder von seinem Bewußtsein her bestimmten Menschen, sondern des Menschen mit all seinen körperlichen und seelischen Eigenschaften, des wirklichen Menschen, der nicht in einem Vakuum, sondern im gesellschaftlichen Kontext lebt, des Menschen, der produzieren muß, um leben zu können. Eben die Tatsache, daß es Marx um den ganzen Menschen, und nicht nur um sein Bewußtsein geht, unterscheidet den Marxschen »Materialismus« von Hegels »Idealismus« ebenso wie von der ökonomisch-mechanistischen Reduktion des Marxismus. Die große Leistung von Marx bestand darin, daß er die ökonomischen und philosophischen Kategorien, die sich auf den Menschen beziehen, von ihren abstrakten und entfremdeten Ausdrucksformen befreit und so Philosophie und Ökonomie *ad hominem* bezogen hat. Marx ging es um den Menschen, und sein Ziel war die Befreiung des Menschen von der Vorherrschaft der materiellen Interessen, aus dem Gefängnis, das seine Form der Lebenspraxis um ihn herum errichtet hatte. Wenn man dieses Anliegen von Marx nicht versteht, wird man weder seine Theorie noch deren Verfälschung durch viele begreifen, die sie zu praktizieren behaupten. Auch wenn der Titel des Hauptwerks von Marx ›Das Kapital‹ lautet, so ist dieses Werk doch nur ein Teil einer umfassenden Theorie, und es sollte dem ›Kapital‹ eine Geschichte der Philosophie folgen. Marx diente die Analyse des Kapitals dazu, den verkrüppelten Zustand des Menschen in der Industriegesellschaft kritisch zu durchleuchten. Es war nur ein Schritt in dem großen Werk, dessen Titel – wenn er es hätte schreiben können – vielleicht ›Mensch und Gesellschaft‹ gelautet hätte.

Das Werk von Karl Marx – das des »jungen Marx« genau wie das des Verfassers des ›Kapital‹ – enthält zahlreiche psychologische Begriffe. Es enthält Begriffe wie »das Wesen des Menschen« und »der verkrüppelte Mensch«, »Entfremdung«, »Bewußtsein«, »leidenschaftliche Strebungen« und »Unabhängigkeit«, um nur einige der wichtigsten aufzuzählen. Aber im Gegensatz zu Aristoteles und Spinoza, die ihre Ethik auf eine systematische Psychologie gründeten, enthält das Werk von Marx keine psychologische Theorie. Neben fragmentarischen Bemerkungen zum Beispiel über den Unterschied zwischen »fixen« Trieben (wie Hunger und Sexualität) und solchen, die von der Gesellschaft erzeugt werden, ist in seinen Schriften kaum eine relevante Psychologie zu finden – wie im übrigen auch nicht bei seinen Nachfolgern. Der Grund hierfür ist nicht in einem Mangel an Interesse oder Begabung für die Analyse psychologischer Phänomene zu suchen. (Jene Bände, die den vollständigen Briefwechsel zwischen Marx und Engels enthalten, zeigen sein Talent für eine scharfsinnige Analyse unbewußter Motivationen, die einem jeden begabten Psychoanalytiker Ehre machen würden.) Es liegt vielmehr daran, daß es zu Lebzeiten von Marx noch keine dynamische Psychologie gab, die er auf die Probleme des Menschen hätte anwenden können. Marx ist 1883 gestorben. Freud begann mit der Veröffentlichung seiner Werke erst zehn Jahre nach Marx' Tod.

Die Psychologie, die Marx zur Ergänzung seiner Analyse gebraucht hätte, hat Freud geschaffen, auch wenn dessen Psychologie noch vieler Revisionen bedurfte. Psychoanalyse ist vor allem eine *dynamische* Psychologie. Sie befaßt sich mit psychischen *Kräften,* die das Verhalten, das Tun, die Gefühle und Ideen der Menschen motivieren. Diese Kräfte kann man nicht immer als solche erkennen, man muß aus beobachtbaren Phänomenen auf sie schließen und sie in ihren Widersprüchen und Umbildungen analysieren. Um für das marxistische Denken brauchbar zu sein, muß eine Psychologie auch die *Evolution* dieser psychischen Kräfte als ständigen Interaktionsprozeß zwischen den Bedürfnissen des Menschen und der gesellschaftlichen und historischen Realität, an der er teilhat, sehen. Es muß eine Psychologie sein, die bereits vom Ansatz her Sozialpsychologie ist. Schließlich muß es sich noch um eine *kritische* Psychologie handeln, die besonders dem Bewußtsein des Menschen kritisch gegenübersteht.

Freuds Psychoanalyse erfüllt diese Hauptbedingungen, obgleich weder der größte Teil der Freudianer noch die meisten

Marxisten ihre Relevanz für das marxistische Denken erfaßt haben. Die Gründe dafür, daß keine Verbindung zustande kam, sind auf beiden Seiten zu suchen. Die Marxisten blieben bei ihrer Tradition, die Psychologie zu ignorieren. Freud und seine Schüler entwickelten ihre Ideen im Rahmen des mechanistischen Materialismus, der sich für die Entwicklung der großen Entdeckungen Freuds als hinderlich und als unvereinbar mit dem »historischen Materialismus« erwies.

In der Zwischenzeit ist es zu neuen Entwicklungen gekommen. Die wichtigste ist die Erneuerung des marxistischen Humanismus, wovon der vorliegende Band Zeugnis ablegt. Viele marxistische Sozialisten, besonders in den kleineren sozialistischen Ländern, aber auch im Westen, sind sich heute der Tatsache bewußt, daß die marxistische Theorie eine psychologische Theorie des Menschen braucht; außerdem haben sie bemerkt, daß der Sozialismus das Bedürfnis des Menschen nach einem Orientierungssystem und nach einem Objekt seiner Hingabe befriedigen muß; daß er sich mit den Fragen beschäftigen muß, wer der Mensch ist und welchen Sinn und welches Ziel sein Leben hat. Er muß eine Grundlage für ethische Normen und die geistige Entwicklung bieten, die über die leeren Phrasen hinausgehen, welche feststellen, daß »gut ist, was der Revolution dient« (oder dem Arbeiterstaat, der historischen Entwicklung usw.).

Andererseits hat die Kritik, die sich im psychoanalytischen Lager gegen den mechanistischen Materialismus erhob, welcher Freuds Denken zugrunde liegt, zu einer kritischen Neubewertung der Psychoanalyse, besonders hinsichtlich der Libidotheorie, geführt. Durch die Weiterentwicklung sowohl des marxistischen wie auch des psychoanalytischen Denkens scheint für die humanistischen Marxisten der Zeitpunkt für die Erkenntnis gekommen, daß die Anwendung einer dynamischen, kritischen, gesellschaftlich orientierten Psychologie für die Weiterentwicklung der marxistischen Theorie und der sozialistischen Praxis von ausschlaggebender Bedeutung ist, und daß eine Theorie, in deren Mittelpunkt der Mensch steht, nicht länger eine Theorie ohne Psychologie bleiben kann, wenn sie nicht den Kontakt mit der menschlichen Realität verlieren will.

Im folgenden möchte ich auf einige der Hauptprobleme hinweisen, mit denen sich die humanistische Psychoanalyse bereits befaßt hat oder noch befassen sollte. Da es leider nur wenige Autoren gibt, die ebenso versucht haben, die revidierte Psychoanalyse auf das Problem des Marxismus und des Sozialismus anzuwenden, muß ich mich vor allem auf meine eigenen Schriften beziehen. (Vgl. vor allem E. Fromm, 1930a, GA VI; 1932b und 1941a, GA I; 1955a, GA IV; 1961b, GA V; sowie 1962a, GA IX.) Besonders das letztgenannte Buch befaßt sich mit der Beziehung zwischen den Theorien von Marx und Freud. – Unter den anderen Autoren, die in ihren Schriften von einem psychoanalytisch-marxistischen Standpunkt ausgehen, ist Wilhelm Reich der bedeutendste, auch wenn seine Theorien und meine eigenen wenig Gemeinsames haben. Sartres Versuche, eine marxistisch orientierte humanistische Analyse zu entwickeln, leiden darunter, daß er zu wenig klinische Erfahrung besitzt und deshalb trotz seiner glänzenden Formulierungen mit der Psychologie nur sehr oberflächlich umgeht.

Das erste Problem, das hier erörtert werden soll, ist das des *Gesellschafts-Charakters*, also jener gemeinsamen Charakter-Matrix einer Gruppe (etwa einer Nation oder einer Klasse), die konkret das Tun und Denken ihrer Mitglieder beeinflußt. Dieser Begriff ist eine Weiterentwicklung des Freudschen Charakterbegriffs und ebenso wie dieser *dynamisch* zu verstehen. Freud sah im Charakter die relativ stabile Manifestation verschiedener Arten libidinöser Strebungen, das heißt auf verschiedene Ziele ausgerichteter und aus verschiedenen Quellen stammender psychischer Energie. In seinen Begriffen des oralen, analen und genitalen Charakters lieferte Freud ein neues Modell des menschlichen Charakters, welches das Verhalten des Menschen als Ergebnis bestimmter leidenschaftlicher Strebungen erklärt. Freud nahm an, daß Richtung und Intensität dieser Strebungen aus frühen Kindheitserfahrungen entsprechend den »erogenen Zonen« (Mund, Anus und Genitalien) stammen und daß – von konstitutionellen Elementen abgesehen – für die Entwicklung der Libido hauptsächlich das Verhalten der Eltern verantwortlich sei.

Der Begriff des Gesellschafts-Charakters bezieht sich auf die Matrix der *einer Gruppe gemeinsamen* Charakterstruktur. Dabei wird angenommen, daß der grundlegende Faktor bei der Bildung des »Gesellschafts-Charakters« *die Lebenspraxis ist, wie sie durch die Produktionsweise und die sich daraus ergebende gesellschaftliche Schichtung zustande kommt. Der Gesellschafts-Charakter ist jene besondere Struktur der psychischen Energie, die durch die jeweilige Gesellschaft so geformt wird, daß sie deren reibungslosem Funktionieren dient.* Der Durchschnittsmensch muß das tun *wollen*, was er tun *muß*, um so zu funktionieren, daß die Gesellschaft sich seiner Energien für ihre Zwecke bedienen kann. Die menschliche Energie erscheint im Gesellschaftsprozeß nur teilweise als einfache physische Energie (zum Beispiel beim Pflügen eines Feldes oder beim Straßenbau); teilweise tritt sie auch in *spezifischen* Formen *psychischer* Energie in Erscheinung. Ein Angehöriger eines primitiven Volkes, das davon lebt, andere Stämme anzugreifen und zu berauben, muß den Charakter eines Kriegers mit einer Leidenschaft für den Krieg, das Töten und Rauben besitzen. Angehörige eines friedlichen, ackerbautreibenden Stammes müssen eine Neigung zur Zusammenarbeit und nicht zur Gewalttätigkeit haben. Eine Feudalgesellschaft gedeiht nur, wenn ihre Mitglieder danach streben, sich der Autorität zu unterwerfen und die über ihnen Stehenden zu ehren und zu bewundern. Der Kapitalismus funktioniert nur in einer Gesellschaft von arbeitsamen, disziplinierten, pünktlichen Menschen, die vor allem am finanziellen Gewinn interessiert sind und deren Hauptziel im Leben der Profit aus Produktion und Warenaustausch ist. Im neunzehnten Jahrhundert brauchte der Kapitalismus Menschen, die sparsam waren, um die Mitte des zwanzigsten Jahrhunderts braucht er Menschen, die ein leidenschaftliches Interesse am Geldausgeben und am Konsum haben. Der Gesellschafts-Charakter ist die Form, in welche die menschliche Energie gebracht wird, um sie als Produktivkraft im Gesellschaftsprozeß benutzen zu können. Der Gesellschafts-Charakter wird mit allen einer Gesellschaft zur Verfügung stehenden Mitteln verstärkt: durch ihr Bildungssystem, ihre Religion, Literatur, Lieder, Witze, Sitten und vor allem durch die Erziehungsmethoden der Eltern. Letztere sind deshalb so wichtig, weil die Charakterstruktur jedes Menschen in beträchtlichem Ausmaß in seinen ersten fünf oder sechs Lebensjahren geformt wird. Aber der

Einfluß der Eltern ist im wesentlichen nicht individueller oder zufälliger Art, wie die klassischen Psychoanalytiker meinen. Die Eltern sind sowohl aufgrund ihres eigenen Charakters wie auch aufgrund ihrer Erziehungsmethoden primär die Agentur der Gesellschaft. Sie unterscheiden sich nur in geringem Ausmaß voneinander, und diese Unterschiede verringern im allgemeinen ihren Einfluß auf die Bildung der gesellschaftlich wünschenswerten Matrix des Gesellschafts-Charakters.

Um einen Begriff des Gesellschafts-Charakters formulieren zu können, der durch die Lebenspraxis in jeder beliebigen Gesellschaft geformt wird, war eine Revision von Freuds Libidotheorie, welche die Grundlage seines Charakterkonzepts darstellt, nötig. Die Libidotheorie wurzelt in der mechanistischen Vorstellung vom Menschen als einer Maschine, deren Energiequelle (neben dem Selbsterhaltungstrieb) die Libido ist. Diese wird vom »Lustprinzip« gesteuert, welches die verstärkte libidinöse Spannung auf ihr normales Niveau reduziert. Im Gegensatz zu dieser Auffassung habe ich (in E. Fromm, 1947a, GA II) zu zeigen versucht, daß der Mensch primär als soziales Wesen zu verstehen ist und daß die verschiedenen Strebungen des Menschen sich als Resultat seiner Bedürfnisse nach Assimilierung (von Dingen) und Sozialisation (mit anderen Menschen) entwickeln, wobei die Formen der Assimilierung und Sozialisation, also seine Hauptleidenschaften, von der Struktur der Gesellschaft, in der er lebt, abhängen. Nach meiner Auffassung ist der Mensch durch leidenschaftliche Strebungen gegenüber Objekten – Menschen und Natur – gekennzeichnet sowie durch sein Bedürfnis, selbst mit der Welt in Beziehung zu stehen.

Mit dem Begriff des Gesellschafts-Charakters lassen sich wichtige Fragen beantworten, mit denen sich die marxistische Theorie nicht hinreichend befaßt hat.

1. Woher kommt es, daß es einer Gesellschaft gelingt, die Gefolgschaft der meisten ihrer Mitarbeiter zu gewinnen, auch wenn diese unter dem System leiden, ja selbst dann, wenn ihnen ihr Verstand sagt, daß sie sich mit ihrer Loyalität schaden? Warum dominiert nicht ihr *reales* Interesse als menschliches Wesen über ihre fiktiven Interessen, welche mit allen möglichen ideologischen Beeinflussungen und mit Hilfe von Gehirnwäsche produziert werden? Weshalb ist das Bewußtsein ihrer

Klassensituation und der Vorteile des Sozialismus nicht so wirksam, wie Marx es erwartete? Die Antwort gibt das Phänomen des Gesellschafts-Charakters. Wenn es einer Gesellschaft erst einmal gelungen ist, die Charakterstruktur des Durchschnittsmenschen so zu formen, daß er das, was er tun muß, gern tut, ist er mit den Umständen zufrieden, die ihm die Gesellschaft auferlegt. Ibsen gestaltet seinen Peer Gynt entsprechend dieser Einsicht: Er kann alles tun, was er tun will, weil er nur das tun will, was er tun kann. Es erübrigt sich zu sagen, daß ein Gesellschafts-Charakter, der sich beispielsweise mit der Unterwerfung zufriedengibt, ein verkrüppelter Charakter ist. Aber verkrüppelt oder nicht, er dient den Zwecken einer Gesellschaft, die, um richtig zu funktionieren, unterwürfige Menschen braucht.

2. Der Begriff des Gesellschafts-Charakters erklärt auch den Zusammenhang zwischen der materiellen Basis einer Gesellschaft und dem »ideologischen Überbau«. Marx ist oft so interpretiert worden, als habe er sagen wollen, der ideologische Überbau sei *nichts anderes* als das Spiegelbild der ökonomischen Basis. Diese Interpretation ist jedoch falsch. Tatsache ist, daß in der Theorie von Marx das Wesen der Beziehung zwischen Basis und Überbau nicht genügend geklärt ist. Eine dynamische psychologische Theorie kann zeigen, daß die Gesellschaft den Gesellschafts-Charakter erzeugt und daß dieser dazu tendiert, solche Ideen und Ideologien hervorzubringen und zu verfestigen, die zu ihm passen und die er aus diesem Grunde fördert. Es ist jedoch nicht so, daß nur die ökonomische Basis einen bestimmten Gesellschafts-Charakter schafft, der dann seinerseits bestimmte Ideen hervorbringt. Die einmal erzeugten Ideen beeinflussen ihrerseits den Gesellschafts-Charakter und – indirekt – auch die Wirtschaftsstruktur der betreffenden Gesellschaft. Ich möchte besonders betonen, *daß der Gesellschafts-Charakter der Vermittler zwischen der sozio-ökonomischen Struktur und den in einer Gesellschaft vorherrschenden Ideen und Idealen ist.* Er ist der Vermittler nach beiden Richtungen: von der ökonomischen Basis hin zu den Ideen und von den Ideen hin zur ökonomischen Basis. Nachfolgendes Schema soll dieses Konzept veranschaulichen:

ökonomische Basis

↙ ↖

Gesellschafts-Charakter

↘ ↗

Ideen und Ideale

3. Der Begriff des Gesellschafts-Charakters kann erklären, wieso die menschliche Energie von einer Gesellschaft genau wie jeder andere Rohstoff für die Bedürfnisse und Zwecke dieser Gesellschaft genutzt wird. Tatsächlich ist der Mensch eine der formbarsten Naturkräfte: Man kann ihn dazu bringen, so gut wie jedem Zweck zu dienen; man kann ihn veranlassen, zu hassen oder mit anderen zusammenzuarbeiten, sich zu unterwerfen oder aufzubegehren, zu leiden oder glücklich zu sein.

4. Sosehr dies alles stimmt, so gilt doch zugleich, daß der Mensch das Problem seiner Existenz nur durch die volle Entfaltung der ihm eigenen Kräfte lösen kann. Je mehr eine Gesellschaft den Menschen verkrüppelt, um so kränker wird er, selbst wenn er auf einer bewußten Ebene mit seinem Schicksal zufrieden ist. Unbewußt jedoch ist er unzufrieden, und eben diese Unzufriedenheit macht ihn schließlich bereit, die ihn verkrüppelnde Gesellschaftsform zu ändern. Gelingt ihm dies nicht, dann stirbt diese spezifische Form von pathogener Gesellschaft aus. Gesellschaftliche Veränderungen und Revolutionen werden nicht nur durch neue Produktivkräfte hervorgerufen, die mit älteren Formen der gesellschaftlichen Organisation in Konflikt geraten, sondern auch durch den Konflikt zwischen unmenschlichen gesellschaftlichen Zuständen und unveränderlichen fortbestehenden menschlichen Bedürfnissen. Man kann mit den Menschen fast alles machen, aber doch nur fast alles. Die Geschichte des Kampfes des Menschen um seine Freiheit ist die aufschlußreichste Manifestation dieses Grundsatzes.

5. Der Begriff des Gesellschafts-Charakters ist nicht nur ein theoretischer Begriff, der sich für allgemeine Spekulationen eignet; er ist auch für empirische Untersuchungen brauchbar und wichtig, bei denen man verschiedene Arten des Gesellschafts-Charakters in einer bestimmten Gesellschaft oder in sozialen Klassen nachweisen will. Nehmen wir an, jemand definiere den »Bauerncharakter« als individualistisch, hortend, eigensinnig,

wenig geneigt zur Zusammenarbeit mit anderen und ohne viel Gefühl für Zeit und Pünktlichkeit – dann ist dieses Syndrom von Wesenszügen keineswegs eine Summierung verschiedener Wesenszüge, sondern eine mit Energie geladene Struktur; diese Struktur wird sich mit einem intensiven Widerstand entweder in Form von Gewalt oder von stummer Weigerung zur Wehr setzen, wenn man versuchen sollte, sie zu ändern; selbst wirtschaftliche Vorteile werden kaum wirksam sein. Das Syndrom ist durch die ihnen allen gemeinsame Produktionsmethode entstanden, die für das Leben der Bauern jahrtausendelang charakteristisch war. Das gleiche gilt für das absinkende Kleinbürgertum, ob es sich nun um dasjenige handelt, das Hitler an die Macht brachte, oder um die verarmten Weißen im Süden der Vereinigten Staaten. Das Fehlen jeder Art von positivem kulturellen Anreiz, das Ressentiment gegen die hoffnungslose Situation, in der diese Menschen von den vorwärtsdrängenden Strömungen zurückgelassen wurden, der Haß auf die, welche ihre Leitbilder zerstörten, auf die sie einst stolz waren, haben ein Charaktersyndrom erzeugt, das aus der Liebe zum Toten (Nekrophilie), einer intensiven und bösartigen Bindung an Blut und Boden und einem intensiven Gruppennarzißmus besteht (wobei letzterer sich in einem intensiven Nationalismus und Rassismus äußert). (Vgl. E. Fromm, 1964a, GA II.)

Noch ein letztes Beispiel sei erwähnt: Die Charakterstruktur des Industriearbeiters ist gekennzeichnet durch Pünktlichkeit, Disziplin und Befähigung zur Teamarbeit. Dieses Syndrom ist die Minimalbedingung dafür, daß ein Industriearbeiter tüchtige Arbeit leisten kann. (Andere Unterschiede, etwa Abhängigkeit – Unabhängigkeit, Interesse – Gleichgültigkeit; Aktivität – Passivität, lasse ich hier beiseite, obwohl auch sie für die Charakterstruktur des Arbeiters heute und in Zukunft von größter Bedeutung sind.)

6. Die wichtigste Anwendung findet der Begriff des Gesellschafts-Charakters darin, daß er unterscheiden hilft zwischen dem zukünftigen Gesellschafts-Charakter einer sozialistischen Gesellschaft, wie sie Marx im Auge hatte, und dem Gesellschafts-Charakter des Kapitalismus des neunzehnten Jahrhunderts, dem es vor allem auf Besitz und Reichtum ankam, sowie dem Gesellschafts-Charakter des zwanzigsten Jahrhunderts

(dem kapitalistischen wie dem kommunistischen), der in den hochindustrialisierten Gesellschaften immer mehr vorherrscht: dem Charakter des *homo consumens.*

Der *homo consumens* ist der Mensch, dessen Hauptziel es nicht ist, Dinge zu besitzen, sondern immer mehr zu konsumieren, um auf diese Weise seine innere Leere, Passivität und Angst zu kompensieren. In einer Gesellschaft, die durch Großunternehmen und durch riesige Bürokratien in Industrie, Verwaltung und Gewerkschaften gekennzeichnet ist, fühlt sich der einzelne, der seine Arbeitsbedingungen nicht mehr selbst unter Kontrolle hat, ohnmächtig, einsam, gelangweilt und von Angst erfüllt. Gleichzeitig verwandelt ihn das Profitstreben der großen Konsumindustrien durch das Medium der Werbung in ein unersättliches Wesen, in einen ewigen Säugling, der immer mehr konsumieren möchte und für den alles zu einem Konsumartikel wird: Zigaretten, Alkohol, Sex, Kino, Fernsehen, Reisen, ja sogar Bildung, Bücher und Vorträge. Neue künstliche Bedürfnisse werden erzeugt, und der Geschmack der Menschen wird manipuliert. (In seinen extremeren Formen ist der Charakter des *homo consumens* ein wohlbekanntes psycho-pathologisches Phänomen. Man findet es häufig bei depressiven oder angsterfüllten Menschen, die sich in übermäßiges Essen und Einkaufen oder in den Alkoholismus flüchten, um ihre heimliche Depression und Angst zu kompensieren.) Die Konsumgier (eine extreme Form dessen, was Freud als den »oral-rezeptiven Charakter« bezeichnete) wird in der gegenwärtigen Industriegesellschaft zur dominierenden psychischen Kraft. Der *homo consumens* lebt in der Illusion, glücklich zu sein, während er unbewußt unter Langeweile und Passivität leidet. Je mehr Macht er über Maschinen besitzt, um so machtloser wird er als menschliches Wesen; je mehr er konsumiert, um so mehr wird er zum Sklaven der ständig wachsenden Bedürfnisse, die das Industriesystem erzeugt und manipuliert. Er verwechselt Sensationslust und aufregende Erlebnisse mit Freude und Glück und materiellen Komfort mit Lebendigkeit. Die Befriedigung seiner Gier wird zum Sinn seines Lebens, das Streben danach wird zu einer neuen Religion. Die Freiheit zu konsumieren wird zum Wesen der menschlichen Freiheit.

Der Konsumgeist ist das absolute Gegenteil des Geistes einer sozialistischen Gesellschaft, wie sie sich Marx vorgestellt hat. Er hat die dem Kapitalismus innewohnende Gefahr klar erkannt. Sein Ziel war eine Gesellschaft, in der der Mensch viel *ist*, und nicht eine Gesellschaft, in der er viel *hat* oder *gebraucht*. Er wollte den Menschen von den Ketten seiner materiellen Gier befreien, so daß er ganz wach, lebendig und empfindungsfähig, und nicht der Sklave seiner Gier sein könnte. »Die Produktion von viel Nützlichem«, schrieb er (1971, S. 259 = MEGA I, 3, S. 131), produziere »zu viel unnütze Population«. Er wollte die extreme Armut abschaffen, weil sie den Menschen daran hindert, ganz menschlich zu werden, aber er wollte auch den extremen Reichtum verhindern, bei dem der Mensch zum Gefangenen seiner Gier wird. Sein Ziel war nicht der *maximale*, sondern der *optimale* Konsum, die Befriedigung jener echten menschlichen Bedürfnisse, die zu einem volleren und reicheren Leben führen. Es ist eine Ironie der Geschichte, daß der Geist des Kapitalismus, die Befriedigung der materiellen Gier, die kommunistischen und sozialistischen Länder erobert, die mit ihrer Planwirtschaft die Möglichkeit hätten, ihr Schranken zu setzen. Der Prozeß besitzt seine eigene Logik: Der materielle Erfolg des Kapitalismus machte auf jene ärmeren Länder in Europa, in denen der Kommunismus den Sieg errungen hatte, einen ungeheuren Eindruck, und man identifizierte den Sieg des Sozialismus mit dem erfolgreichen Wettbewerb mit dem Kapitalismus, und dies im Geist des Kapitalismus. Der Sozialismus ist in Gefahr, zu einem System zu entarten, welches die Industrialisierung ärmerer Länder schneller erreicht, als es der Kapitalismus könnte, anstatt eine Gesellschaft zu bilden, in der die Entwicklung des Menschen, und nicht die der ökonomischen Produktion das Hauptziel ist. Diese Entwicklung wurde noch durch die Tatsache gefördert, daß der Sowjetkommunismus dadurch, daß er eine vergröberte Version des Marxschen »Materialismus« übernahm, genauso wie die kapitalistischen Länder den Kontakt mit der humanistischen geistigen Tradition verlor, zu deren größten Repräsentanten Karl Marx gehörte.

Es stimmt zwar, daß die sozialistischen Länder das Problem noch nicht gelöst haben, die *legitimen* materiellen Bedürfnisse ihrer Bevölkerung zu befriedigen (und selbst in den Vereinigten

Staaten leben vierzig Prozent der Bevölkerung »nicht im Überfluß«). Aber es ist äußerst wichtig, daß sich die sozialistischen Ökonomen, Philosophen und Psychologen der Gefahr bewußt sind, daß sich das Ziel eines *optimalen* Konsums leicht in das eines *maximalen* verwandeln kann. Die sozialistischen Theoretiker haben die Aufgabe, das Wesen der menschlichen Bedürfnisse zu untersuchen und die Kriterien zur Unterscheidung von unechten und echten menschlichen Bedürfnissen herauszufinden. Sie müssen jene Bedürfnisse namhaft machen, deren Befriedigung die Menschen lebendiger und empfindungsfähiger macht, im Gegensatz zu den synthetischen, vom Kapitalismus geschaffenen Bedürfnissen, welche die Menschen schwächen, sie passiver und gelangweilt und zu Sklaven ihrer Gier nach dem Besitz von Dingen machen.

Mir geht es nicht darum, die Produktion als solche einschränken zu wollen. Sobald aber die optimale Befriedigung des individuellen Konsums erreicht ist, sollte mehr für den gesellschaftlichen Konsum getan werden: für Schulen, Bibliotheken, Theater, Parks, Krankenhäuser, öffentliche Verkehrsmittel usw. Der stets wachsende individuelle Konsum in den hochindustrialisierten Ländern legt den Gedanken nahe, daß Konkurrenzkampf, Gier und Neid nicht nur durch Privatbesitz, sondern auch durch uneingeschränkten privaten Konsum entstehen. Die sozialistischen Theoretiker sollten die Tatsache nicht aus den Augen verlieren, daß es Ziel des humanistischen Sozialismus ist, eine Industriegesellschaft aufzubauen, deren Produktionsweise der Entwicklung des totalen Menschen, und nicht der Erzeugung des *homo consumens* dient; daß die sozialistische Gesellschaft eine Industriegesellschaft sein sollte, in der menschliche Wesen leben und sich entwickeln können.

7. Es gibt empirische Methoden, die uns erlauben, den Gesellschafts-Charakter zu studieren. Eine derartige Untersuchung hat zum Ziel, das Vorhandensein verschiedener Charaktersyndrome in der Bevölkerung als Ganzem und innerhalb der einzelnen Klassen aufzudecken, sowie die Intensität der verschiedenen Faktoren innerhalb des Syndroms und neue oder widersprüchliche Faktoren festzustellen, die durch unterschiedliche sozio-ökonomische Bedingungen verursacht wurden. Alle derartigen Varianten erlauben einen Einblick in die

Stärke der vorhandenen Charakterstruktur sowie in den Änderungsprozeß, so daß man beurteilen kann, mit welchen Maßnahmen man derartige Veränderungen vereinfachen könnte. Es erübrigt sich zu sagen, daß derartige Erkenntnisse besonders wichtig in Ländern sind, die sich im Übergang vom Agrarstaat zum Industriestaat befinden. Wichtig sind solche Untersuchungen auch in bezug auf das Problem, wie Arbeiter, die im Kapitalismus oder Staatskapitalismus – also unter entfremdeten Bedingungen – leben, den Übergang zu einem echten Sozialismus bewerkstelligen können. Außerdem können derartige Untersuchungen auch für politische Aktionen hilfreich sein. Wer die politischen »Meinungen« mit Hilfe von Meinungsumfragen ermittelt, der weiß, wie sich die Menschen vermutlich in der nächsten Zukunft verhalten werden. Wer aber die Stärke der psychischen Kräfte – auch der momentan unbewußten – erkennen will, also etwa das Eintreten der Menschen für Rassismus oder für Krieg oder Frieden, den informieren nur Charakteruntersuchungen der eben besprochenen Art über die Stärke und Richtung der zugrunde liegenden Kräfte, die im Gesellschaftsprozeß wirksam sind und die vielleicht erst in einiger Zeit manifest werden. (Die Destruktivität des deutschen Kleinbürgertums zum Beispiel manifestierte sich erst, als Hitler ihr Gelegenheit gab, sich offen auszudrücken.)

Es ist hier nicht der Ort, die einzelnen Methoden zu erörtern, die man anwenden könnte, um die oben erwähnten Charakterdaten zu bekommen. Ihnen allen ist gemeinsam, daß sie den Fehlschluß vermeiden, Ideologien (Rationalisierungen) als Ausdruck der inneren und gewöhnlich unbewußten Realität zu akzeptieren. Als sehr nützlich hat sich hierbei der offene Fragebogen erwiesen, bei dem die Antworten auf ihre nicht beabsichtigte oder unbewußte Bedeutung hin interpretiert werden. Wenn zum Beispiel die Antwort auf die Frage: »Welche historischen Persönlichkeiten bewundern Sie am meisten?« lautet: »Alexander den Großen, Nero, Marx und Lenin«, während eine andere Antwort lautet: »Sokrates, Pasteur, Marx und Lenin«, dann ist daraus zu schließen, daß der erste Beantworter Macht und strenge Autorität bewundert, während der zweite Beantworter Menschen bewundert, die im Dienst des Lebens arbeiten und Wohltäter der Menschheit sind. Verwendet man einen erweiterten projektiven Fragebogen, so besteht die Möglichkeit, ein zuverlässiges Bild von der Charakterstruktur eines Menschen zu erhalten. Andere projektive Tests, die Analyse von bevorzugten Witzen, Liedern und Geschichten sowie von benachbarten Verhaltensweisen (besonders die psychoanalytisch so aufschlußreichen unkontrollierten »Nebenbeschäftigungen«) helfen mit, korrekte Resultate zu erhalten. Methodologisch liegt das Hauptgewicht bei allen diesen Untersuchungen auf der Produktionsweise und der sich daraus ergebenden Klassendifferenzierung, auch auf den wichtigsten Charakterzügen und den von ihnen gebildeten Syndromen sowie auf der Beziehung zwischen diesen beiden Gruppen von Daten. Mit Hilfe von schichtspezifischen Stichproben *(samples)* kann man ganze Nationen oder größere Gesellschaftsklassen untersuchen, ohne mehr als 1000 Personen in die Untersuchung einbeziehen zu müssen.

Ein anderer wichtiger Aspekt der analytischen Sozialpsychologie ergibt sich aus dem Freudschen Begriff des *Unbewußten.* Während es aber Freud hauptsächlich um die individuelle Verdrängung ging, konzentrierte sich die marxistische Sozialpsychologie vor allem auf das »gesellschaftliche Unbewußte«. Dieser Begriff bezieht sich auf die Verdrängung der inneren Realität, die ganze Gruppen miteinander gemeinsam haben. Jede Gesellschaft wird nach Möglichkeit ihren Mitgliedern (oder den Angehörigen einer bestimmten Klasse) verbieten, sich solcher Impulse bewußt zu werden, die – falls sie ihnen bewußt wären – zu Gedanken und Aktionen führen könnten, welche der Gesellschaft möglicherweise gefährlich würden. Es kommt zu einer wirksamen Zensur, und zwar nicht auf der Ebene des gedruckten oder gesprochenen Wortes, sondern indem man verhindert, daß bestimmte Gedanken auch nur ins Bewußtsein dringen, indem man also ihr gefährliches Bewußtwerden unterdrückt. Natürlich variieren die Inhalte des gesellschaftlichen Unbewußten entsprechend den vielen unterschiedlichen Formen der Gesellschaftsstruktur: Es handelt sich je nachdem um Aggressivität, Aufbegehren, Abhängigkeit, Einsamkeit, Kummer und Langeweile, um nur einige Impulse zu erwähnen. Der verdrängte Impuls muß unterdrückt bleiben und durch Ideologien ersetzt werden, die ihn verleugnen oder sein Gegenteil behaupten. Dem gelangweilten, angsterfüllten, unglücklichen Menschen der heutigen Industriegesellschaft wird suggeriert, daß er glücklich und äußerst vergnügt sei. In anderen Gesellschaften lehrt man den seiner Gedankenfreiheit und der freien Meinungsäußerung beraubten Menschen, er habe die vollkommenste Form der Freiheit fast erreicht, wenn im Augenblick auch nur seine Führer im Namen der Freiheit redeten. In manchen Systemen wird auch die Liebe zum Leben unterdrückt und statt dessen die Liebe zum Besitz kultiviert; in anderen wird das Bewußtsein der Entfremdung verdrängt und statt dessen das Schlagwort propagiert: »In einem sozialistischen Land kann es keine Entfremdung geben.«

Hegel und Marx haben das Phänomen des Unbewußten auf andere Weise zum Ausdruck gebracht, indem sie darunter die Gesamtheit aller Kräfte verstanden, die gleichsam hinter dem Rücken des Menschen wirksam sind, während dieser in der Illusion lebt, in seinen Entschlüssen frei zu sein. Adam Smith hat das so formuliert: »Der ökonomische Mensch wird von einer unsichtbaren Hand geführt, ein Ziel zu unterstützen, das er selbst nicht beabsichtigte.« Während diese unsichtbare Hand für Smith eine wohlwollende war, sahen sie Marx und Freud als gefährlich an. Man mußte sie aufdecken, um ihr ihre Wirksamkeit zu nehmen. Das Bewußtsein ist ein gesellschaftliches Phänomen; für Marx handelte es sich meist um das falsche Bewußtsein, um das Wirken verdrängter Kräfte. (Es ist interessant, daß bereits Marx in der ›Deutschen Ideologie‹ von »Verdrängung« spricht, und für Rosa Luxemburg [1904] liegt das Unbewußte [die Logik des geschichtlichen Prozesses] noch vor dem Bewußtsein [der subjektiven Logik der menschlichen Wesen].) Das Unbewußte ist ebenso wie das Bewußtsein ein gesellschaftliches Phänomen, das durch den »gesellschaftlichen Filter« bestimmt wird, der nicht erlaubt, daß die realsten menschlichen Erfahrungen aus dem Unbewußten ins Bewußtsein aufsteigen. Der gesellschaftliche Filter besteht im wesentlichen a) aus der Sprache, b) aus der Logik des Denkens und c) aus den gesellschaftlichen Tabus. Es wird verdeckt durch Ideologien (Rationalisierungen), die subjektiv als wahr empfunden werden, während es sich dabei in Wirklichkeit um nichts anderes als um von der Gesellschaft erzeugte und geteilte Fiktionen handelt. Wenn man mit dieser Methode an das Bewußtsein und die Verdrängung herangeht, kann man empirisch die Validität der Behauptung von Marx demonstrieren, daß es der Menschen »gesellschaftliches Sein (ist), das ihr Bewußtsein bestimmt« (MEW 13, S. 9).

Aus diesen Erwägungen ergibt sich ein anderer theoretischer Unterschied zwischen der Psychoanalyse der dogmatischen Freudianer und der marxistisch orientierten. Freud glaubte, daß die tatsächliche *Ursache der Verdrängung* (deren wichtigster Inhalt inzestuöse Wünsche sind) die Kastrationsangst sei. Ich dagegen bin davon überzeugt, daß im individuellen wie auch im gesellschaftlichen Bereich der Mensch am meisten Angst vor der völligen Isolierung von seinen Mitmenschen, vor der vollkommenen Verstoßung hat. Selbst die Angst vor dem Tod ist leichter zu ertragen. Die Gesellschaft erzwingt ihre Forderung, gewisse Dinge zu verdrängen, mit der Drohung der Ächtung: Wenn du das Vorhandensein gewisser Erfahrungen nicht leugnest, gehörst du nicht zu uns, gehörst du nirgends dazu, bist du in Gefahr, wahnsinnig zu werden. (Tatsächlich ist ja der Wahnsinn eine durch das völlige Fehlen einer Beziehung zur Außenwelt charakterisierte Erkrankung.)

Die Marxisten nehmen im allgemeinen an, das, was hinter dem Rücken des Menschen diesen lenke, seien ökonomische Kräfte und deren politische Repräsentanten. Psychoanalytische Untersuchungen zeigen jedoch, daß diese Auffassung viel zu eng ist. Die Gesellschaft besteht aus Menschen, und jeder Mensch ist mit einem Potential leidenschaftlicher Strebungen – archaische und progressive – ausgestattet. Dieses menschliche Potential als Ganzes wird von der Gesamtheit der ökonomischen und gesellschaftlichen Kräfte geformt, welche für die jeweilige Gesellschaft kennzeichnend ist. Diese Kräfte des gesellschaftlichen Ganzen erzeugen ein bestimmtes gesellschaftliches Unbewußtes und bestimmte Konflikte zwischen den verdrängenden Faktoren und den vorhandenen menschlichen Bedürfnissen, die für ein gesundes Funktionieren des Menschen wesentlich sind (etwa ein bestimmter Grad von Freiheit, Anregung, Interesse am Leben und Glück). Tatsächlich kommen – wie bereits erwähnt – in Revolutionen nicht nur neue Produktivkräfte zum Ausdruck, sondern auch der verdrängte Teil der menschlichen Natur. Revolutionen verlaufen darum nur dann erfolgreich, wenn beide Voraussetzungen gegeben sind. Die Verdrängung, ob sie nun individuell oder gesellschaftlich bedingt ist, entstellt den Menschen, sie fragmentiert ihn, beraubt ihn seiner vollen Menschlichkeit. Das Bewußtsein repräsentiert den »gesellschaftlichen Menschen«, wie er von der jeweiligen Gesellschaft geprägt ist; das Unbewußte repräsentiert den universalen Menschen in uns, den guten und den schlechten Menschen, eben den ganzen Menschen, zu dem sich Terenz bekennt, wenn er sagt: »Ich bin ein Mensch, nichts Menschliches ist mir fremd« – was übrigens auch die bevorzugte Devise von Marx war.

Die Tiefenpsychologie hat noch zu einem anderen Problem einen Beitrag zu leisten, das in der Theorie von Marx eine zentrale Rolle spielt, wenn auch Marx nie eine befriedigende Lösung dafür gefunden hat: zum Problem des Wesens und der *Natur des Menschen.* Einerseits wollte Marx – besonders nach 1844 – sich nicht eines metaphysischen, unhistorischen Begriffs wie »das Wesen des Menschen« bedienen, jenes Begriffs, den viele Herrscher jahrtausendelang dazu benutzten, zu beweisen, daß ihre Verordnungen und Gesetze einer unveränderlichen »Natur des Menschen« entsprächen. Andererseits war Marx ein Gegner der relativistischen Ansicht, daß der Mensch ein unbeschriebenes Blatt wäre, auf das jede Kultur ihren Text schreibt. Wie könnte der Mensch gegen die Existenzformen aufbegehren, die eine unbestimmte Gesellschaft ihren Mitgliedern aufzwingt, wenn dies richtig wäre? Wie hätte Marx (im ›Kapital‹) den Begriff des »verkrüppelten Menschen« benutzen können, wenn er keine Vorstellung von einem »Modell der menschlichen Natur« gehabt hätte, das verkrüppelt werden kann? Eine psychologische Analyse legt die Vermutung nahe, daß es kein »Wesen des Menschen« im Sinn einer *Substanz* gibt, die im gesamten Verlauf der Geschichte die gleiche bleibt. Meiner Ansicht nach besteht die Antwort darin, daß das Wesen des Menschen eben in dem Widerspruch liegt, daß er einerseits der Natur angehört und gegen seinen Willen zu irgendeinem zufälligen Zeitpunkt an einem zufälligen Ort in die Welt geworfen und wieder aus ihr herausgenommen wird, und daß er gleichzeitig die Natur transzendiert, weil seine Instinktausrüstung mangelhaft ist und weil er sich seiner selbst und der anderen Menschen sowie der Vergangenheit und der Gegenwart bewußt ist. Der Mensch, eine »Laune der Natur«, würde sich auf unerträgliche Weise allein fühlen, wenn er den Widerspruch nicht dadurch auflösen könnte, daß er eine neue Form der Einheit findet. Der wesensmäßige Widerspruch in seiner Existenz zwingt den Menschen, nach einer Lösung für diesen Widerspruch zu suchen, um eine Antwort auf die Frage zu finden, die ihm das Leben vom Augenblick seiner Geburt an stellt. Es gibt eine ganze Anzahl von unmittelbaren, aber nur beschränkt gültigen Antworten darauf, wie man zur Einheit finden kann. Der Mensch kann zur Einheit finden, indem er versucht, auf die Stufe des Tieres zu regredieren, indem er alles von sich weist, was spezifisch menschlich ist (Vernunft und Liebe), indem er ein Sklave oder ein Sklaventreiber wird, indem er sich in ein Ding verwandelt – oder aber, indem er seine spezifisch menschlichen Kräfte soweit entwickelt, daß er zu einer neuen Einheit mit seinen Mitmenschen und mit der Natur findet (wobei letzteres für Marx besonders wichtig war), indem er zu einem freien Menschen wird – frei nicht nur *von* den Fesseln, sondern auch frei *für* die Entwicklung all seiner Fähigkeiten, um sie zu seinem eigentlichen Lebenszweck zu machen, indem er zu einem Menschen wird, der seine Existenz seinem eigenen produktiven Bemühen verdankt. Der Mensch besitzt keinen angeborenen »Trieb zum Fortschritt«, aber er wird angetrieben vom Bedürfnis, den in seiner Existenz begründeten Widerspruch zu lösen, welcher sich auf jeder Entwicklungsstufe immer wieder neu herstellt. Dieser Widerspruch oder – anders gesagt – die unterschiedlichen und widersprüchlichen Möglichkeiten des Menschen machen sein Wesen aus.

Es gibt noch andere Grundvorstellungen von Marx, zu denen die Tiefenpsychologie signifikante Beiträge zu bieten hat. Sie kann zeigen, daß Marx – wie Spinoza und Freud – weder ein Determinist noch ein Nicht-Determinist war. Er war ein *Alternativist.* Bei jedem Schritt in seinem eigenen, historischen Leben sieht sich der Mensch vor eine Anzahl »realer Möglichkeiten« gestellt. Diese Möglichkeiten sind als solche determiniert, da sie das Resultat der Gesamtheit der Umstände sind, unter denen er lebt. Aber dem Menschen steht die Wahl zwischen Alternativen offen, wenn er sie und die Konsequenzen seiner Entscheidung so frühzeitig erkennt, daß seine Persönlichkeit noch nicht völlig dem zuneigt, was gegen sein menschliches Interesse verstößt. Ist es erst einmal dazu gekommen, so ist die Zeit der Wahl unwiderruflich vorbei. Freiheit in diesem Sinn heißt nicht »in Erkenntnis der Notwendigkeit handeln«, sondern die realen Möglichkeiten und ihre Konsequenzen im Gegensatz zum Glauben an eingebildete, unrealistische Möglichkeiten wahrnehmen, die ein Opiat sind und die Möglichkeit zur wahren Freiheit zerstören.

Ein weiteres Thema von grundsätzlicher Bedeutung im marxistischen Denken, zu dem die Psychologen ebenfalls einen bedeutsamen Beitrag leisten können, ist das Phänomen der *Entfremdung*. Leider fehlt hier der Raum, das Thema ausführlich zu erörtern. Soviel sei jedoch angemerkt: Der Begriff der Entfremdung wird in der marxistischen Literatur häufig als ein rein intellektueller Begriff gebraucht, unabhängig von der Diskussion der psychologischen Daten, die mit dem *Erleben* der Entfremdung zusammenhängen. Meines Erachtens kann man von Entfremdung nicht auf sinnvolle Weise sprechen, wenn man sie nicht in sich selbst und bei anderen erfahren hat. Außerdem muß man das Phänomen der Entfremdung in seiner Beziehung zum Narzißmus, zur Depression, zum Fanatismus und zum Götzendienst untersuchen, um es ganz zu verstehen, um den Grad der Entfremdung in den verschiedenen gesellschaftlichen Klassen zu erkennen und um herausfinden zu können, unter welchen sozialen Bedingungen sie verstärkt oder verringert wird. Die Psychoanalyse verfügt über alle hierzu erforderlichen Mittel.

Mir ging es bei dieser Abhandlung darum, eine dialektisch und humanistisch orientierte Psychoanalyse als wichtigen Gesichtspunkt in das marxistische Gedankengut einzuführen. Meines Erachtens braucht der Marxismus eine solche psychologische Theorie und sollte sich die Psychoanalyse mit der marxistischen Theorie verbinden. Eine Synthese wird für beide Gebiete fruchtbar sein, während ein betont positivistischer Pawlowismus – selbst wenn er viele interessante Daten bietet – nur zur Entartung von Psychologie und Marxismus führt.

Zweifellos war die Kenntnis der großen Ideen der Menschheit noch nie so weit auf der Welt verbreitet wie heute. Noch nie war aber auch ihre Wirkung so gering. Die Gedanken Platos und Aristoteles', die der Propheten und Christi, die Spinozas und Kants sind heute Millionen von Gebildeten in Europa und Amerika bekannt. Sie werden an unzähligen Hochschulen gelehrt, über einige wird weltweit in den Kirchen aller Konfessionen gepredigt. Dies alles geschieht zugleich in einer Welt, in der die Grundsätze eines uneingeschränkten Egoismus befolgt werden, die einen hysterischen Nationalismus kultiviert und einen wahnsinnigen Massenmord vorbereitet. Wie läßt sich diese Diskrepanz erklären?

Solange Ideen nur als rationale Vorstellungen und Gedanken gelehrt werden, üben sie keinen tiefen Einfluß auf die Menschen aus. Werden sie vermittelt, so verändern sie im allgemeinen nur andere Ideen: Es treten neue Gedanken an die Stelle von alten, neue Worte ersetzen bisher gebrauchte. Geändert haben sich dann in Wirklichkeit nur Worte und Begriffe. Wie sollte es auch anders sein? Der Mensch wird nur sehr schwer von Ideen wirklich ergriffen. Um eine Wahrheit zu erfassen, muß er erst tiefeingewurzelte Widerstände überwinden: Trägheit, Angst vor Irrtümern, Angst vor einem Abweichen von der Herde. Selbst wenn die Ideen an sich richtig und aussagekräftig sind, genügt es doch nicht, nur mit ihnen bekannt zu werden. Sie üben erst dann eine Wirkung auf den Menschen aus, wenn sie von dem, der sie lehrt, auch gelebt werden – wenn also ihr Lehrer sie verkörpert und so die Idee Fleisch wird. Wenn jemand über Demut spricht und selbst demütig ist, werden seine Zuhörer verstehen, was Demut ist. Sie verstehen es nicht nur, sondern glauben ihm auch, daß er über etwas Wirkliches spricht und nicht nur leere Worte macht. Das gleiche gilt für alle Ideen, die ein Mensch, ein Philosoph oder ein religiöser Lehrer anderen Menschen zu vermitteln sucht.

Menschen, die Ideen verkündigen – es müssen nicht unbedingt neue Ideen sein – und die diese Ideen gleichzeitig leben, kann man als *Propheten* bezeichnen. Die Propheten des Alten Testaments taten eben dies: Sie haben die Idee verkündigt, daß der Mensch eine Antwort auf die Probleme seiner Existenz finden müsse und daß die Antwort in der Entwicklung seiner Vernunft und seiner Liebe bestehe; und sie haben gelehrt, daß Demut und Gerechtigkeit nicht von Liebe und Vernunft zu trennen sind. Sie lebten, was sie verkündeten. Sie strebten nicht nach Macht, sondern gingen ihr aus dem Weg. Sie begehrten nicht einmal die Macht eines Propheten. Macht beeindruckte sie nicht, und sie verkündeten die Wahrheit auch dann, wenn diese ihnen Gefangenschaft, Verbannung und Tod eintrug. Sie waren keine Menschen, die sich zurückzogen und warteten, was kommen würde. Sie waren empfänglich für ihre Mitmenschen, weil sie sich verantwortlich fühlten. Was anderen geschah, geschah auch ihnen. Die Menschheit war nichts Äußerliches, sondern in ihnen. Eben weil sie die Wahrheit erkannten, fühlten sie sich verpflichtet, sie auch anderen mitzuteilen; sie drohten nicht, sie zeigten nur die *Alternativen*, mit denen der Mensch konfrontiert war. Ein Prophet will nicht aus sich heraus Prophet sein. Nur die falschen Propheten wollen dies. Prophet zu werden, ist einfach, weil die Alternativen, um die es geht, einfach sind. Amos drückt es so aus (3,8): »Der Löwe brüllt – wer fürchtet sich nicht? Gott der Herr spricht – wer wird da nicht zum Propheten?« Die Wendung »Gott der Herr spricht« bedeutet hier nur, daß ihm keine andere Wahl bleibt. Es kann keinen Zweifel und kein Entrinnen mehr geben. Dem, der sich verantwortlich fühlt, bleibt keine andere Wahl, als Prophet zu werden, ob er nun Schafe gehütet, Weinberge bestellt oder Ideen entwickelt und gelehrt hat. Der Prophet hat die Aufgabe, die Wirklichkeit zu offenbaren, Alternativen aufzuzeigen und zu protestieren. Er muß die Stimme erheben und die Menschen aus ihrem gewohnten Dämmerzustand aufwecken. Nicht der eigene Wunsch, sondern die historische Situation macht den Prophet zum Propheten.

Viele Völker hatten Propheten: Buddha verwirklichte seine Lehre, in Christus ist sie Fleisch geworden, Sokrates starb für seine Ideen und auch Spinoza hat sie gelebt. Sie alle haben einen so tiefen Einfluß auf die Menschheit gehabt, weil sie selbst ihre Ideen verkörperten. Propheten gibt es nur zu bestimmten Zeiten in der Geschichte der Menschheit. Sie sterben und hinterlassen ihre Botschaft. Diese wird von Millionen von Menschen angenommen, denen sie sehr wichtig wird. Dies ist der Grund, warum andere sie ausbeuten. Sie nutzen die Bindung der Menschen an diese Ideen für ihre eigenen Zwecke aus, indem sie diese Menschen beherrschen und unter ihre Kontrolle bekommen. Jene aber, die die Ideen der Propheten in dieser Weise ausnützen, sind die *Priester*.

Die Propheten leben ihre Ideen. Die Priester verwalten sie für diejenigen, die sich mit diesen Ideen identifizieren. Dabei verlieren die Ideen ihre Lebendigkeit und werden zu Formeln. Den Priestern ist die Formel wichtig – dies ist immer so, wenn das Erlebnis selbst tot ist. Nur wenn es eine »korrekte« Formulierung gibt, lassen sich die Menschen beherrschen und ihre Gedanken kontrollieren. Für die Priester dient die Idee dazu, die Menschen zu organisieren und sie dadurch zu beherrschen, daß sie die richtige Formulierung der Idee kontrollieren. Wenn sie dann die Menschen tief genug betäubt haben, erklären sie, der Mensch sei unfähig, ganz wach zu sein und sein Leben selbst in die Hand zu nehmen. Darum erfüllten sie – die Priester – aus Mitgefühl oder Mitleid die Aufgabe, den Menschen zu leiten. Dieser hätte, sich selbst überlassen, zu sehr Angst vor der Freiheit. Freilich verhalten sich nicht alle Priester so, doch gilt es für die meisten, vor allem, wenn sie über Macht verfügen.

Priester gibt es nicht nur in der Religion. Es gibt auch Priester in der Philosophie und in der Politik. Jede philosophische Schule hat ihre Priester. Oft sind sie sehr gelehrt; sie haben die Aufgabe, die Idee des ursprünglichen Denkers zu verwalten, sie weiterzugeben, sie auszulegen, sie zu einem musealen Gegenstand zu machen und auf diese Weise zu bewahren. Die *politischen* Priester sind uns in den letzten hundertfünfzig Jahren häufig begegnet. Sie haben die Idee der Freiheit verwaltet, um die wirtschaftlichen Interessen ihrer sozialen Klasse zu wahren. Im zwanzigsten Jahrhundert haben die Priester die Verwaltung der Ideen des Sozialismus übernommen. Während dieser die Befreiung und Unabhängigkeit des Menschen zum Ziel hatte, erklärten die Priester mit wechselnden Worten, der Mensch sei nicht fähig, frei zu sein – oder er sei doch wenigstens in absehbarer Zeit nicht dazu in der Lage. Bis dahin müßten *sie* die

Aufgabe übernehmen und darüber entscheiden, wie die Idee zu formulieren sei und wer ein frommer Gläubiger sei und wer nicht. Meist verwirren die Priester die Menschen, weil sie behaupten, die Nachfolger eines Propheten zu sein und zu leben, was diese predigten. Während selbst ein Kind merken könnte, daß sie genau das Gegenteil ihrer Lehre leben, unterzieht man die große Masse des Volkes einer so gründlichen Gehirnwäsche, daß sie schließlich glaubt, die Priester brächten ein Opfer, wenn sie im Luxus lebten, weil sie eine große Idee zu repräsentieren hätten, ja selbst ihr unbarmherziges Töten geschähe aus ihrem revolutionären Glauben heraus.

Kaum eine historische Situation könnte für das Auftauchen von Propheten günstiger sein als unsere. Die Existenz der gesamten Menschheit ist durch den Wahnsinn eines möglichen Atomkrieges bedroht. Blindheit und »steinzeitliches« Bewußtsein haben uns an einen Punkt geführt, von dem aus die Menschheit sich in raschem Tempo auf das tragische Ende ihrer Geschichte zuzubewegen scheint – und dies auf dem Höhepunkt ihrer Möglichkeiten. In dieser Situation braucht die Menschheit Propheten, auch wenn es zweifelhaft ist, ob deren Stimme sich gegen die der Priester wird durchsetzen können.

Zu den wenigen, die die geschichtliche Situation der Menschheit vom Lehrer zum Propheten hat werden lassen und die ihre Gedanken selbst lebten, gehört *Bertrand Russell.* Er ist ein großer Denker, doch dies ist nicht der eigentliche Grund dafür, daß er ein Prophet ist. Zusammen mit Albert Einstein und Albert Schweitzer ist er ein Repräsentant des westlichen Humanismus, und zwar gerade in einer Zeit, in der dessen Existenz bedroht ist. Alle drei haben warnend ihre Stimme erhoben und auf Alternativen hingewiesen. Schweitzer lebte die Idee des Christentums durch seine Arbeit in Lambarene. Einstein lebte die Idee der Vernunft und des Humanismus, indem er sich weigerte, in das hysterische Geschrei des Nationalismus der deutschen Intelligenz 1914 und später einzustimmen. Bertrand Russell hat seit vielen Jahrzehnten durch Bücher seine Gedanken über Vernunft und Humanismus verkündet. In den letzten Jahren ist er jedoch in die Öffentlichkeit gegangen, um allen Menschen klarzumachen, daß ein wahrer Mensch dann, wenn die Gesetze seines Landes den Gesetzen der Humanität widersprechen, sich für die Gesetze der Humanität entscheiden muß.

Russell erkannte, daß die Gedanken eines überzeugten Menschen nur dann gesellschaftliche Bedeutung gewinnen, wenn sie durch eine Gruppe verkörpert werden. Als Abraham mit Gott über das Schicksal Sodoms haderte und an Gottes Gerechtigkeit appellierte, verlangte er, daß Sodom verschont werde, sofern es dort wenigstens zehn Gerechte gäbe – womit die kleinstmögliche Gruppe gemeint ist, die die Idee der Gerechtigkeit verkörpern kann. Sollten es weniger als zehn sein, dann konnte selbst Abraham nicht erwarten, daß die Stadt gerettet würde. Bertrand Russell versucht zu beweisen, daß die Zehn vorhanden sind, welche die Stadt retten könnten. Deshalb hat er die Menschen organisiert, deshalb ist er mit ihnen marschiert und hat sich mit ihnen auf die Straße gesetzt und von der Polizei abtransportieren lassen. Seine Stimme ist zwar eine Stimme in der Wüste, aber es ist trotzdem keine isolierte Stimme. Sie führt einen Chor an; ob es sich dabei um den Chor einer griechischen Tragödie oder aus Beethovens Neunter Sinfonie handelt, wird die Geschichte der nächsten Jahre erweisen.

Unter den Ideen, denen Bertrand Russell Leben gab, ist vielleicht an erster Stelle das Recht und die Pflicht des Menschen zum *Ungehorsam* zu erwähnen.

Unter Ungehorsam ist dabei nicht der Ungehorsam des puren Rebellen zu verstehen, der deshalb nicht gehorcht, weil er dem Leben gegenüber keine andere Verpflichtung fühlt, als »nein« zu sagen. Diese Art von rebellischem Ungehorsam ist ebenso blind und unwirksam wie ihr Gegenteil, der konformistische Gehorsam, der *unfähig* ist, »nein« zu sagen. Es geht vielmehr um den Menschen, der »nein« sagen kann, weil er auch bejahen kann, der ungehorsam sein kann, eben weil er seinem Gewissen und den von ihm erwählten Grundsätzen gehorchen kann. Ich spreche vom Revolutionär und nicht vom Rebellen.

In den meisten Gesellschaftssystemen ist Gehorsam die höchste Tugend und Ungehorsam die schlimmste Sünde. In unserer Kultur ist es tatsächlich so, daß die meisten Menschen, wenn sie sich schuldig fühlen, in Wirklichkeit Angst haben, weil sie ungehorsam waren. Sie fühlen sich nicht aus moralischen Gründen beunruhigt – wie sie selbst glauben –, sondern weil sie irgendeinem Befehl nicht gehorcht haben. Das ist nicht weiter erstaunlich. Schließlich hat die christliche Lehre Adams Ungehorsam als eine Tat hingestellt, die ihn und alle seine Nachkommen so von Grund auf verdorben hat, daß nur ein besonderer göttlicher Gnadenakt den Menschen aus der Sündhaftigkeit erretten kann. Natürlich paßte dieser Gedanke zu der gesellschaftlichen Funktion der Kirche, welche die Macht der Herrschenden dadurch unterstützte, daß sie die Sündhaftigkeit des Ungehorsams predigte. Nur Menschen, welche die biblischen Lehren von Demut, Brüderlichkeit und Gerechtigkeit ernst nahmen, begehrten gegen die weltliche Autorität auf, was zur Folge hatte, daß die Kirche sie in den meisten Fällen als Rebellen brandmarkte, die sich gegen Gott versündigten. Auch der Protestantismus war darin nicht anders, im Gegenteil. Während die katholische Kirche das Bewußtsein lebendig hielt, daß zwischen der weltlichen und der geistlichen Autorität ein Unterschied besteht, hat sich der Protestantismus seinerseits zum Verbündeten der weltlichen Macht gemacht. Luther hat dieser Tendenz zum erstenmal und auf besonders drastische Weise Ausdruck verliehen, als er eine Streitschrift gegen die aufbegehrenden Bauern des sechzehnten Jahrhunderts verfaßte, in der es heißt (M. Luther, 1967, S. 192): »Drum soll hier erschlagen, würgen und stechen, heimlich oder öffentlich, wer da kann, und daran denken, daß nichts Giftigeres, Schädlicheres, Teuflischeres sein kann als ein aufrührerischer Mensch.«

Wenn auch der religiöse Terror mehr und mehr verschwand, so bauten doch weiterhin autoritäre politische Systeme auf den Gehorsam. Die großen Revolutionen des siebzehnten und achtzehnten Jahrhunderts kämpften gegen die monarchische Autorität. Doch schon bald machte man wieder aus dem Gehorsam gegenüber den Nachfolgern der Monarchie – gleich welchen Namens – eine Tugend. Und was ist Autorität heute? In den totalitären Ländern gibt es offene Autorität des Staates, welche durch den Respekt vor der Autorität in Familie und Schule noch verstärkt wird. Die westlichen Demokratien dagegen sind stolz darauf, den Autoritarismus des neunzehnten Jahrhunderts überwunden zu haben. Aber haben sie das wirklich – oder hat sich nur die Eigenart der Autorität geändert?

Unser Jahrhundert ist das Jahrhundert der hierarchisch organisierten Bürokratien in Regierung, Wirtschaft und Gewerkschaften. Diese Bürokratien verwalten Dinge *und* Menschen auf die gleiche Weise. Sie befolgen dabei bestimmte Grundsätze, besonders die ökonomischen Prinzipien der Bilanzierung, der Quantifizierung, der maximalen Leistung und des Profits, und sie funktionieren im wesentlichen wie ein elektronischer Computer funktionieren würde, wenn man ihn mit diesen Prinzipien programmierte. Der individuelle Mensch wird dabei zur Nummer und verwandelt sich in ein Ding. Aber eben weil es bei uns keine offene Autorität gibt, weil der einzelne nicht zum Gehorsam »gezwungen« wird, lebt er in der Illusion, freiwillig zu handeln, nur seinem eigenen Willen und seiner eigenen Entscheidung oder auch einer »rationalen« Autorität zu folgen. Wer könnte auch der »Vernunft«, wer könnte der Computer-Bürokratie den Gehorsam verweigern, wer könnte ungehorsam sein, wenn er nicht einmal merkt, daß er gehorcht? In der Familie und im Erziehungswesen geschieht genau dasselbe. Die progressiven Erziehungstheorien haben zu Methoden geführt, bei denen dem Kind nicht mehr gesagt wird, was es tun soll. Man gibt ihm keine Anweisungen mehr und bestraft es auch nicht, wenn es nicht folgt. Das Kind soll »sich selbst ausdrücken«. Aber vom ersten Tag seines Lebens an hat es einen tiefen Respekt vor der Konformität; es hat Angst, »anders« zu sein und nicht zur Herde zu gehören. Der auf diese Weise in Familie und Schule aufgewachsene »Organisationsmensch«, dessen Erziehung in den großen Organisationen vollendet wird, hat Meinungen, aber keine Überzeugungen. Er amüsiert sich, aber er ist trotzdem unglücklich; er ist sogar bereit, sein Leben und das seiner Kinder im freiwilligen Gehorsam gegenüber unpersönlichen und anonymen Mächten zu opfern. Er akzeptiert die Schätzungen über die voraussichtlichen Todesopfer, die in unseren Diskussionen über den Atomkrieg Mode geworden sind. Wird die Hälfte der Bevölkerung eines Landes getötet, gilt dies als »noch tragbar«, sind es zwei Drittel, dann vielleicht nicht mehr.

Die Frage des Ungehorsams ist heute von lebenswichtiger Bedeutung. Während die Menschheitsgeschichte der Bibel zufolge mit dem Akt des Ungehorsams von Adam und Eva begann und die Zivilisation nach der griechischen Mythologie mit dem Ungehorsam des Prometheus ihren Anfang nahm, besteht die Wahrscheinlichkeit, daß die Menschheitsgeschichte mit einem Akt des Gehorsams ihr Ende finden wird: mit dem Gehorsam gegenüber Autoritäten, die selbst archaischen Fetischen wie der »Staatssouveränität«, der »nationalen Ehre« und »militärischen Siegen« gehorchen und die denen, welche ihnen und ihren Fetischen gehorsam sind, den Befehl erteilen werden, auf den todbringenden Knopf zu drücken.

Ungehorsam in dem Sinn, wie wir ihn hier verstehen, ist die Bejahung von Vernunft und eigenem Willen. Es handelt sich dabei nicht in erster Linie um eine *gegen* etwas gerichtete Einstellung, sondern um eine Haltung, die sich *für* etwas einsetzt. Es geht dabei um des Menschen Fähigkeit, etwas einzusehen, zu sagen, was er einsieht, und sich zu weigern, etwas nachzureden, was er nicht einsieht. Dazu braucht er weder aggressiv noch rebellisch zu sein; er muß nur die Augen aufmachen, hellwach und bereit sein, es auf sich zu nehmen, auch denen die Augen zu öffnen, die Gefahr laufen umzukommen, weil sie noch nicht aufgewacht sind.

Für Karl Marx war Prometheus, der lieber mit Ketten an einen Felsen geschmiedet werden wollte, als daß er der gehorsame Diener der Götter war, der Schutzheilige aller Philosophen. Bertrand Russell – selbst ein Philosoph – hat mit seinem Leben die Funktion des Prometheus übernommen. Die Aussage von Marx weist sehr deutlich auf den Zusammenhang zwischen Philosoph und Ungehorsam hin. Die meisten Philosophen verweigerten sich den Autoritäten ihrer Zeit gegenüber nicht. Sokrates gehorchte ihnen, indem er in den Tod ging; Spinoza verzichtete lieber auf eine Professur, als mit den Autoritäten in Konflikt zu geraten; Kant war ein loyaler Bürger; Hegel, der in seiner Jugend mit revolutionären Ideen sympathisierte, hat in seinen späteren Jahren den Staat verherrlicht. Aber trotzdem war Prometheus auch ihr Schutzheiliger. Sie blieben zwar in ihren Hörsälen und bei ihrer Arbeit und begaben sich nicht in die Öffentlichkeit – wofür sie vielerlei Gründe hatten, auf die hier nicht näher eingegangen werden soll. Aber als Philosophen versagten sie der Autorität herkömmlicher Gedanken und Begriffe, den Klischeevorstellungen, die geglaubt und gelehrt wurden, den Gehorsam. Sie brachten Licht in die Finsternis. Sie weckten die auf, die halb schliefen, und »wagten zu wissen«.

Der Ungehorsam des Philosophen gegenüber den Klischeevorstellungen und der öffentlichen Meinung hat seinen Grund im Gehorsam gegenüber der Vernunft und der Idee der Menschheit. Eben weil die Vernunft universal ist und alle nationalen Grenzen überschreitet, ist der Philosoph, der ihr folgt, ein Weltbürger. Sein Gegenstand ist der Mensch an sich, nicht diese oder jene Person oder diese oder jene Nation. Sein Vaterland ist die Welt, und nicht der Ort, in dem er geboren wurde.

Niemand hat dem revolutionären Charakter des Denkens glänzenderen Ausdruck verliehen als Bertrand Russell in seinen »Principles of Social Reconstruction‹ (1916):

»Die Menschen haben vor dem Denken mehr Angst als vor irgend etwas sonst auf der Welt – mehr als vor dem Ruin, ja selbst mehr als vor dem Tod. Das Denken ist umstürzlerisch und revolutionär, destruktiv und schrecklich; das Denken kennt keine Gnade gegenüber Privilegien, fest begründeten Institutionen und bequemen Gewohnheiten; das Denken ist anarchisch und gesetzlos, gleichgültig der Autorität gegenüber und rücksichtslos gegen die erprobte Weisheit von Jahrhunderten. Das Denken blickt hinab in die Tiefe der Hölle und fürchtet sich nicht. Es sieht den Menschen, ein schwaches Fleckchen umgeben von unergründlichen Tiefen des Schweigens; aber es hält sich stolz aufrecht, so ungerührt, als wäre es Herr des Universums. Das Denken ist groß und behende und frei; es ist das Licht der Welt und der höchste Ruhm des Menschen.

Aber wenn das Denken zum Besitz vieler werden und nicht das Vorrecht der Wenigen bleiben soll, dann müssen wir die Furcht aufgeben. Die Furcht ist es, was die Menschen zurückhält – die Furcht, daß liebgewordene Überzeugungen sich als Täuschung herausstellen könnten, die Furcht, daß Einrichtungen, von denen sie leben, sich als schädlich erweisen könnten, die Furcht, es könnte sich herausstellen, daß sie selber weniger Achtung verdienten, als sie von sich glauben. ›Wenn der Arbeiter erst frei über die Besitzverhältnisse nachdenkt, was soll dann aus uns, den Reichen, werden? Wenn junge Männer und junge Mädchen erst frei über den Sex denken, was soll dann aus der Moral werden? Wenn Soldaten erst frei über den Krieg nachdenken, was soll dann aus der militärischen Disziplin werden? Fort mit dem Denken! Zurück in den Schattenbereich des Vorurteils, damit Besitz, Moral und Krieg nicht in Gefahr geraten. Besser bleiben die Menschen dumm, faul und gewalttätig, als daß sie frei denken lernen. Denn wenn ihre Gedanken frei wären, dann könnten sie am Ende anders denken als wir. Und diese Katastrophe muß unter allen Umständen verhindert werden!‹ So argumentieren die Gegner des Denkens in den unbewußten Tiefen ihrer Seele. Und so handeln sie in ihren Kirchen, in ihren Schulen und auf ihren Universitäten.«

Russells Fähigkeit zum Ungehorsam beruht nicht auf irgendeinem abstrakten Prinzip, sondern auf der realsten Erfahrung, die es überhaupt gibt, auf seiner Liebe zum Leben. Diese Liebe zum Leben durchdringt seine Schriften und seine Person. Sie ist heutzutage eine seltene Eigenschaft, und dies besonders in den Ländern, wo die Menschen mitten im Wohlstand leben. Viele verwechseln Sensationslust mit Freude, Aufregung mit Interesse, Konsumieren mit Sein. Das nekrophile Schlagwort »Es lebe der Tod«, dessen sich zwar nur die Faschisten bewußt bedienten, erfüllt auch die Herzen vieler Menschen, die in Wohlstandsländern leben, auch wenn sie es selbst nicht merken. Es ist dies vielleicht einer der Gründe dafür, daß die meisten Menschen die Aussicht auf den Atomkrieg und die sich daraus ergebende Zerstörung der Zivilisation so resigniert hinnehmen und daß sie so wenig Schritte unternehmen, um die Katastrophe zu verhindern. Russell jedoch bekämpft den drohenden Massenmord – nicht weil er Pazifist ist, und nicht um irgendwelcher abstrakter Prinzipien willen, sondern weil er ein Mensch ist, der das Leben liebt. Aus eben diesem Grund weiß er auch nichts mit denen anzufangen, die gern über die Schlechtigkeit der Menschen lamentieren, wobei sie in Wirklichkeit mehr über sich selbst und ihren eigenen Pessimismus aussagen als über die Menschen schlechthin. Aber Russell ist kein sentimentaler Romantiker. Er ist ein nüchtern denkender, scharfer und kritischer Realist. Er ist sich bewußt, wieviel Torheit und Bosheit im Herzen des Menschen anzutreffen sind. Aber er verwechselt diese Tatsache nicht mit der angeblich angeborenen Verderbtheit, womit

Menschen ihre Weltanschauung rationalisieren, die zu pessimistisch sind, um daran glauben zu können, daß der Mensch eine Welt schaffen kann, die seine Heimat ist.

»Wenn man von jenen wenigen Geistern absieht«, schreibt Russell (1950, dt. S. 55f.), »die ohne Sünde geboren wurden, müssen wir alle eine finstere Höhle durchschreiten, ehe wir den Tempel betreten dürfen. Das Eingangstor der Höhle heißt Verzweiflung, und ihr Boden ist mit den Grabsteinen geschwundener Hoffnungen gepflastert. In ihr muß das Ich sterben, in ihr müssen Eifer und Gier ungezähmten Wünschens erschlagen werden, denn nur so kann sich die Seele aus dem Reiche des Schicksals befreien. Aber aus der Höhle führt das Tor des Verzichts wieder an das Tageslicht der Weisheit, deren leuchtender Glanz eine neue Einsicht, eine neue Freude und eine neue Zärtlichkeit ausstrahlt, um das Herz des Pilgers zu erfreuen.«

Über die angebliche Schlechtigkeit des Menschen schreibt Russell (1950a, dt. S. 69f.):

»Die Kinder sind nun, nachdem sie der traditionellen Theologie als Glieder Satans und den Erziehungsreformern als mystisch erleuchtete Engel galten, wieder die kleinen Teufel von ehedem – aber nicht mehr theologische Dämonen, inspiriert vom Gottseibeiuns, sondern wissenschaftliche, Freudsche Greuelgeschöpfe, inspiriert vom Unbewußten. Sie erscheinen, das muß gesagt sein, nun viel schlimmer als in den Traktaten der Mönche; in modernen pädagogischen Werken entwickeln sie einen Erfindungsreichtum und eine Hartnäckigkeit in sündhaften Vorstellungen, der in der Vergangenheit mit Ausnahme des Heiligen Antonius mit nichts vergleichbar ist. Ist nun dies alles endlich die objektive Wahrheit? Oder ist es nur eine geistige Entschädigung der Erwachsenen, da sie nun die kleinen Rakker nicht mehr durchbleuen dürfen?«

Das folgende Zitat aus ›The Scientific Outlook‹ (1931, dt. S. 233) zeigt, wie tief der humanistische Denker Russell Freude am Leben empfunden hat:

»Der Liebende, der Dichter, der Mystiker, sie alle finden eine tiefere Befriedigung als der jemals erfährt, der nach Macht strebt, denn sie finden Ruhe in dem geliebten Objekt, während ein Mensch, der nach Macht strebt, ständig in neue Tätigkeiten verstrickt ist, wenn er nicht unter einem Gefühl der Leere leiden will. Darum glaube ich, daß jede Befriedigung, die der Liebende im weitesten Sinne des Wortes finden kann, die des Tyrannen übertrifft und in der Wertskala der Lebensziele einen höheren Rang beanspruchen darf. Wenn ich einmal sterben werde, so werde ich nicht das Gefühl haben, umsonst gelebt zu haben. Ich habe das Dämmerrot des Abends gesehen, das Blitzen des Taus am Morgen und das Glänzen des Schnees unter einem frostklaren Himmel, ich habe den Regen nach einer Dürre gerochen und gehört, wie die stürmenden Wogen des Atlantischen Ozeans an die felsigen Küsten von Cornwall schlugen. Die Naturwissenschaften mögen diese Freuden noch mehr Menschen schenken, als sie heute genießen. Wenn dem so ist, dann wird man ihre Macht weise gebraucht haben. Wenn sie jedoch jene Augenblicke aus dem Dasein streichen, die das Leben erst wertvoll machen, dann wird die Wissenschaft keine Bewunderung verdienen, wie klug und geschickt sie auch den Menschen auf den Pfad der Verzweiflung führen mag.«

Bertrand Russell ist ein Gelehrter, der an die Vernunft glaubt. Und doch unterscheidet er sich von vielen anderen Wissenschaftlern fundamental. Für sie geht es darum, die Welt intellektuell zu erfassen. Sie sind sich sicher, daß ihr Verstand die Wirklichkeit erschöpfend erfaßt und daß es nichts Bedeutungsvolles gibt, was nicht derart erfaßt werden könnte. Sie sind skeptisch gegenüber allem, das sich nicht in eine rationale Formel einfangen läßt, aber zugleich sehr naiv, wenn es um ihre eigene wissenschaftliche Methode geht. Sie interessieren sich mehr für die Ergebnisse ihres Denkens als für den Erkenntnisprozeß im Forschenden. In der Erörterung des Pragmatismus in den ›Philosophical Essays‹ (1910, S. 125f.) greift Russell gerade eine solche intellektuelle Methode an:

»Der Pragmatismus appelliert an die Geisteshaltung, die auf der Oberfläche unseres Planeten ihr gesamtes Vorstellungsmaterial vorfindet, die auf den Fortschritt vertraut und die nichtmenschlichen Grenzen der Macht des Menschen ignoriert; die den Kampf mit allen den damit verbundenen Risiken liebt, weil sie nicht wirklich daran zweifelt, daß sie den Sieg erringen wird; die Religion haben will, so wie sie Eisenbahnen und elektrisches Licht haben möchte, als Komfort und Hilfe bei den Angelegenheiten dieser Welt, und nicht, weil sie nicht-menschliche Dinge gewährt, welche unseren Hunger nach Vollkommenheit und nach etwas, das wir ohne Vorbehalt verehren können, stillt.

Aber denen, die das Gefühl haben, daß das Leben auf unserem Planeten ein Leben in Gefangenschaft wäre, wenn es nicht Fenster gäbe, durch die wir eine höhere, jenseitige Welt erblikken können, denen der Glaube an die Allmacht des Menschen anmaßend erscheint und denen die stoische Freiheit, die aus der Beherrschung der Leidenschaften erwächst, lieber ist als die napoleonische Herrschaft, welche die Königreiche dieser Welt zu ihren Füßen sieht – mit einem Wort, den Menschen, die im *Menschen* kein geeignetes Objekt für ihre Verehrung sehen, muß die Welt des Pragmatikers eng und klein vorkommen, weil sie dem Leben alles raubt, was ihm Wert verleiht, und weil sie den *Menschen* selbst kleiner macht, indem sie das Universum, auf das er seine Blicke richtet, all seines Glanzes beraubt.«

Für Russell dient das rationale Denken im Gegensatz zur Auffassung des Pragmatikers nicht dem Streben nach Gewißheit, sondern es ist ein Abenteuer, ein Akt der Selbstbefreiung und des Mutes, der den Denkenden selbst verändert, indem er ihn wacher und lebendiger macht.

Bertrand Russell ist ein Mann des Glaubens, nicht im theologischen Sinn, sondern im Sinne eines Glaubens an die Macht der Vernunft, an die Fähigkeit des Menschen, sich aufgrund eigenen Bemühens sein Paradies zu schaffen. 1954 schrieb er angesichts der Gefährdung durch die Wasserstoffbombe:

»Nach geologischen Zeitbegriffen gibt es den Menschen erst seit sehr kurzer Zeit (höchstens seit einer Million Jahren). Was er – insbesondere in den letzten 6000 Jahren – erreicht hat, ist etwas völlig Neues in der Geschichte des Kosmos, wenigstens soweit wir über ihn Bescheid wissen. Seit undenklichen Zeiten geht die Sonne auf und unter, nimmt der Mond zu und ab, leuchten nachts die Sterne, aber erst mit dem Erscheinen des Menschen werden diese Vorgänge begriffen. In der großen Welt der Astronomie und in der kleinen Welt des Atoms hat der Mensch Geheimnisse enthüllt, die man für unergründbar hätte halten können. In Kunst, Literatur und Religion haben einige Menschen so erhabene Gefühle bekundet, daß es der Mühe wert erscheint, die Spezies Mensch zu erhalten. Soll das alles in einem trivialen Grauen enden, weil so wenige in der Lage sind, an *den Menschen* zu denken, anstatt an diese oder jene Gruppe von Menschen? Ist unserer Rasse alle Weisheit so sehr verlorengegangen, ist sie einer unparteiischen Liebe so unfähig, so blind selbst für die einfachsten Gebote der Selbsterhaltung, daß der letzte Beweis für diese törichte Gescheitheit die Auslöschung allen Lebens auf unserem Planeten sein wird? Denn nicht nur die Menschen werden umkommen, sondern auch die Tiere und Pflanzen, denen niemand Kommunismus oder Antikommunismus vorwerfen kann.

Ich kann nicht glauben, daß dies das Ende sein soll. Ich möchte erreichen, daß die Menschen einen Augenblick lang ihre Streitigkeiten vergessen und darüber nachdenken, daß, wenn sie es sich gestatten weiterzuleben, wir allen Grund zu der Erwartung haben, daß die Triumphe der Zukunft unermeßlich viel größer sein werden als die Triumphe der Vergangenheit. Wenn wir uns dafür entscheiden, liegt ein ständiger Fortschritt vor uns hinsichtlich Glück, Wissen und Weisheit. Sollen wir statt dessen den Tod wählen, nur weil wir unsere Streitigkeiten nicht vergessen können? Als menschliches Wesen appelliere ich an die anderen menschlichen Wesen: Denkt an eure Humanität und vergeßt alles andere. Wenn euch das gelingt, dann steht euch der Weg in ein neues Paradies offen; wenn ihr es nicht könnt, liegt vor euch nichts anderes als der universale Tod.«

Russells Glaube beruht auf einer Eigenschaft, ohne die weder seine Philosophie noch sein Kampf gegen den Krieg zu verstehen wäre: auf seiner Liebe zum Leben. Für viele mag das nicht viel bedeuten; sie meinen, jeder Mensch liebe das Leben. Hängt er nicht daran, wenn es in Gefahr ist? Hat er nicht viel Spaß im Leben und viele aufregende Vergnügungen?

Erstens gilt für viele Menschen, daß sie nicht am Leben hängen, wenn es in Gefahr ist. Wie sonst wäre ihre Passivität gegenüber der Bedrohung durch die atomare Vernichtung zu erklären? Außerdem werden aufregende Erlebnisse und Sensationslust mit Freude und Liebe zum Leben verwechselt. Sie leben ohne »Freude ..., daß alles in Fülle da« ist (Dtn 28,47). Tatsächlich sind alle Vorzüge, mit denen man den Kapitalismus rühmt – individuelle Initiative, Bereitschaft, Risiken einzugehen, Unabhängigkeit –, längst aus der Industriegesellschaft verschwunden und höchstens noch in Wildwestfilmen und bei Gangstern anzutreffen. Im bürokratisierten, zentralisierten Industriestaat gibt es eine ständig zunehmende Zahl von Menschen, die ungeachtet ihrer politischen Ideologie »das Leben satt haben« und sich den Tod wünschen, um ihre Langeweile loszuwerden. Es sind eben jene, die sagen: »Lieber tot als rot« – und die tief in ihrem Herzen meinen: »Lieber tot als lebendig«.

Besonders extrem ist diese Orientierung bei den Faschisten, deren Parole lautet: »Es lebe der Tod!« Niemand hat dies klarer ausgesprochen als Unamuno in der letzten Rede seines Lebens, die er in der Universität von Salamanca hielt, deren Rektor er zu Beginn des Spanischen Bürgerkriegs war. Anlaß für Unamunos Rede war eine Ansprache von General Millán Astray, dessen Lieblingsworte »Viva la muerte!« (»Es lebe der Tod!«) von einem Anhänger im Saal verkündet wurden. Als der General geendet hatte, stand Unamuno auf und sagte:

»Gerade eben habe ich einen nekrophilen und sinnlosen Ruf gehört: ›Es lebe der Tod!‹ Und ich, der ich mein Leben damit verbracht habe, Paradoxe zu formulieren, die den verständnislosen Zorn anderer erregt haben, ich muß Ihnen als Fachmann sagen, daß mich dieses ausländische Paradoxon abstößt. General Millán Astray ist ein Krüppel. Ich möchte das ohne jeden abschätzigen Unterton sagen. Er ist Kriegsversehrter. Das war auch Cervantes. Leider gibt es gerade jetzt in Spanien zu viele Krüppel. Und bald wird es noch mehr geben, wenn uns Gott nicht zu Hilfe kommt. Es schmerzt mich, denken zu müssen, daß General Millán Astray uns die Psychologie der Massen diktieren würde. Ein Krüppel, dem die geistige Größe eines Cervantes fehlt, sucht sich gewöhnlich dadurch eine fragwürdige Erleichterung, daß er alles rings um sich herum verstümmelt.«

Da konnte sich Millán Astray nicht länger zurückhalten und rief: »Abajo la inteligencia!« (»Nieder mit der Intelligenz!«) – »Es lebe der Tod!« Die Falangisten applaudierten begeistert. Unamuno aber fuhr fort:

»Dieses ist der Tempel des Intellekts. Und ich bin sein Hoherpriester. Sie sind es, die diesen heiligen Bezirk entweihen.

Sie werden siegen, denn Sie verfügen über mehr als genug brutale Macht. Aber Sie werden niemand zu Ihrer Ansicht bekehren. Denn um jemand zu seiner Ansicht zu bekehren, muß man ihn überzeugen. Und um zu überzeugen, brauchten Sie etwas, was Ihnen fehlt, nämlich Vernunft und Recht im Kampf. Ich halte es für zwecklos, Sie zu ermahnen, an Spanien zu denken. Mehr habe ich nicht zu sagen.« (Unamuno, zit. nach H. Thomas, 1961, S. 354f. – Unamuno blieb unter Hausarrest und starb wenige Monate später.)

Das Sichangezogenfühlen vom Toten, das Unamuno als Nekrophilie bezeichnete, ist jedoch nicht nur das Ergebnis faschistischen Denkens. Es ist ein Phänomen, das tief in einer Kultur verwurzelt ist, die mehr und mehr von den bürokratischen Organisationen der Großunternehmen, der Regierungen und des Heeres beherrscht wird, und bei der vom Menschen hergestellte Dinge, Apparate und Maschinen die Hauptrolle spielen. Dieser bürokratisierte Industriestaat tendiert dazu, menschliche Wesen in Dinge zu verwandeln. Er möchte die Natur durch technische Geräte, das Organische durch Anorganisches ersetzen. Diese Liebe zur Zerstörung und zu Maschinen, aber auch die Verachtung der Frau (insofern die Frau für den Mann eine Manifestation des Lebens ist, wie auch für die Frau der Mann eine Manifestation des Lebens ist), findet sich bereits im ›Manifest des Futurismus‹ aus dem Jahre 1909, das F. T. Marinetti formuliert hat (hier zit. nach Ch. Baumgarth, 1966, S. 26f.) und das als Vorläufer des italienischen Faschismus gelten kann. Unter anderem heißt es darin:

»4. Wir erklären, daß sich die Herrlichkeit der Welt um eine neue Schönheit bereichert hat: die Schönheit der Geschwindigkeit. Ein Rennwagen, dessen Karosserie große Rohre schmükken, die Schlangen mit explosivem Atem gleichen ... ein aufheulendes Auto, das auf Kartätschen zu laufen scheint, ist schöner als die *Nike von Samothrake*.

5. Wir wollen den Mann besingen, der das Steuer hält, dessen Idealachse die Erde durchquert, die selbst auf ihrer Bahn dahinjagt...

8. Warum sollten wir zurückblicken, wenn wir die geheimnisvollen Tore des Unmöglichen aufbrechen wollen? Zeit und Raum sind gestern gestorben. Wir leben bereits im Absoluten,

denn wir haben schon die ewige, allgegenwärtige Geschwindigkeit erschaffen.

9. Wir wollen den Krieg verherrlichen – diese einzige Hygiene der Welt –, den Militarismus, den Patriotismus, die Vernichtungstat der Anarchisten, die schönen Ideen, für die man stirbt, und die Verachtung des Weibes.

10. Wir wollen die Museen, die Bibliotheken und die Akademien jeder Art zerstören und gegen den Moralismus, den Feminismus und gegen jede Feigheit kämpfen, die auf Zweckmäßigkeit und Eigennutz beruht.«

Es gibt kaum einen größeren Unterschied unter Menschen als den zwischen jenen, welche das Leben, und jenen, die das Tote lieben. Die Liebe zum Toten ist eine typisch menschliche Errungenschaft. Der Mensch ist das einzige Lebewesen, das sich langweilen kann, er ist das einzige Lebewesen, das das Tote lieben kann. Der impotente Mensch (ich meine hier nicht die sexuelle Impotenz) kann zwar kein Leben schaffen, aber er kann es zerstören und es auf diese Weise transzendieren. Die Liebe zum Toten mitten im Leben ist die letzte Perversion. Es gibt einige Menschen, die echte Nekrophile sind – sie begrüßen den Krieg und befürworten ihn, wenn sie sich auch meist über ihr Motiv nicht klar sind und ihre Bestrebungen damit rationalisieren, daß sie behaupten, sie dienten dem Leben, der Ehre und der Freiheit. Wahrscheinlich handelt es sich bei ihnen um eine Minderheit; aber es gibt viele, die nie eine Entscheidung für das Leben oder für den Tod getroffen haben und die sich in Geschäftigkeit flüchten, um es zu verbergen. Sie begrüßen nicht die Zerstörung – aber sie begrüßen auch nicht das Leben. Es fehlt ihnen die Freude am Leben, die nötig wäre, um sich energisch gegen den Krieg zu wehren.

Goethe hat einmal gesagt, der tiefste Unterschied zwischen den verschiedenen geschichtlichen Perioden liege darin, ob es sich um eine Periode des Glaubens oder des Unglaubens handele, und er fügt hinzu, alle Epochen, in denen der Glaube herrsche, seien glänzend, erhebend und fruchtbar, während die, in denen der Unglaube dominiere, dem Vergessen anheimfallen, weil niemand Wert darauf lege, sich mit dem Unfruchtbaren zu beschäftigen. Mir scheint, daß der »Glaube«, von dem Goethe spricht, tief in der Liebe zum Leben verwurzelt ist. Kulturen, welche die Voraussetzungen dazu schaffen, daß das Leben geliebt wird, sind auch Kulturen des Glaubens; Kulturen, welche diese Liebe nicht erzeugen können, können auch keinen Glauben hervorbringen.

Bertrand Russell ist ein Mann des Glaubens. Wenn ich seine Bücher lese und seinen Einsatz für den Frieden beobachte, scheint mir seine Liebe zum Leben die Haupttriebfeder seiner gesamten Persönlichkeit zu sein. Er warnt die Welt vor ihrem drohenden Untergang, genau wie es die Propheten getan haben, weil er das Leben und alle seine Formen und Manifestationen liebt. Und auch das hat er mit den Propheten gemeinsam, daß er kein Determinist ist, der behauptet, die geschichtliche Zukunft sei schon im voraus festgelegt. Er ist ein »Alternativist«, der erkannt hat, daß es nur bestimmte Alternativen gibt. Unsere Alternative heißt Beendigung des Wettrüstens oder Zerstörung. Ob die Stimme des Propheten sich durchsetzen wird gegen die Stimmen, die voller Überdruß das Verhängnis verkünden, wird davon abhängen, wieviel Lebenskraft unsere Welt und vor allem unsere jüngere Generation noch besitzt. Wenn wir zugrunde gehen, können wir nicht behaupten, wir seien nicht gewarnt worden.

Zum Problem einer umfassenden philosophischen Anthropologie

Die Renaissance des Humanismus besonders in Europa, den Vereinigten Staaten und in Südamerika ist eine der auffälligsten Entwicklungen unseres Jahrzehnts. Gewöhnlich faßt man den Zusammenhang von Humanismus und Renaissance genau umgekehrt und spricht vom Humanismus der Renaissance. Tatsächlich gibt es ja auch eine – wenn auch zu enge – Definition des Humanismus, die unter Humanismus nur die Bewegung des fünfzehnten und sechzehnten Jahrhunderts versteht, welche eine Rückkehr zur klassischen Bildung und Sprache, zum Griechischen, Hebräischen und Lateinischen anstrebte. Ganz anders ist das Verständnis des Humanismus als einer umfassenden Philosophie vom Menschen. Diese hat zwar in der Renaissance einen ihrer Höhepunkte, doch reicht ihre Geschichte 2500 Jahre zurück. Sie nahm in der westlichen Welt ihren Anfang mit den Propheten, im Osten mit den buddhistischen Lehren.

Welches sind die Hauptprinzipien dieses Humanismus? Man kann die humanistische Weltanschauung folgendermaßen charakterisieren: Sie ist erstens gekennzeichnet durch den Glauben an die Einheit der Menschheit, durch den Glauben, daß es nichts Menschliches gibt, das nicht in jedem von uns zu finden wäre; zweitens durch die Betonung der Würde des Menschen; drittens durch die Betonung der Fähigkeit des Menschen, sich weiterzuentwickeln und zu vervollkommnen; schließlich viertens durch die Betonung von Vernunft, Objektivität und Frieden. Der zeitgenössische polnische Philosoph Adam Schaff definiert in seinem Buch ›Marxismus und das menschliche Individuum‹ (1965, S. 220) den Humanismus noch anders. Für ihn ist Humanismus »ein System der Reflexionen über den Menschen, die diesen als höchstes Gut erkennen und bestrebt sind, in der Praxis die besten Bedingungen des menschlichen Glücks zu gewährleisten«.

Ich möchte im folgenden zeigen, wie diese humanistische Philosophie in den verschiedenen Kulturepochen zum Ausdruck kam.

Um mit dem buddhistischen Humanismus zu beginnen: Der klassische Buddhismus hat viel von dem, was wir heute existentialistische Philosophie nennen. Er geht von einer Analyse der wahren Situation der menschlichen Existenz aus und kommt zu dem Ergebnis, daß menschliche Existenz notwendig Leiden beinhaltet und daß es nur eine Möglichkeit gibt, das Leiden zu beseitigen: indem man seine Gier aufgibt. Nach dieser Auffassung gibt es einen allgemeinen Begriff vom Menschen, ein Modell der menschlichen Natur, und außerdem gibt es eine Antwort auf das, was der Buddhismus als das Problem des Menschen ansieht, das Leiden.

Eine andere Ausprägung humanistischer Philosophie findet sich im Alten Testament. Bei Jesaja (19,23–25) heißt es: »An jenem Tag wird eine Straße von Ägypten nach Assur führen, so daß die Assyrer nach Ägypten und die Ägypter nach Assur ziehen können ... An jenem Tag wird Israel als drittes Land dem Bund von Ägypten und Assur beitreten, zum Segen für die ganze Erde. Denn der Herr der Heere wird sie segnen und sagen: Gesegnet ist Ägypten, mein Volk, und Assur, das Werk meiner Hände, und Israel, mein Erbteil.« Es ist dies ein Beispiel für den Geist des Universalismus und für die Vorstellung vom *einen* Menschen als dem Mittelpunkt des Denkens. Das Alte Testament enthält auch noch einen anderen spezifisch humanistischen Begriff: den der Nächstenliebe, ja es kennt sogar den Begriff der Liebe zum Fremden, also zu dem, mit dem uns kein Band der Blutsverwandtschaft oder eine andere Vertrautheit verbindet. Im Alten Testament heißt es dazu: »... du sollst ihn (den Fremden) lieben wie dich selbst« (Lev 19,34), und Ex 23,9 heißt es: »Einen Fremden sollst du nicht ausbeuten. Ihr wißt doch, wie es einem Fremden zumute ist, denn ihr selbst seid in Ägypten Fremde gewesen.« Damit ist gesagt, daß man einen anderen Menschen nur in dem Maße versteht, als man die gleichen Erfahrungen wie er gemacht hat. Und es ist gesagt, daß wir alle dieselben menschlichen Grunderfahrungen miteinander teilen. Deshalb können wir uns verstehen.

Den gleichen Gedanken hat das Christentum mit dem Gebot: »Liebet eure Feinde« (Mt 5,44) aufgegriffen. Es läßt unsere Gesellschaft in einem merkwürdigen Licht erscheinen, wenn man bedenkt, daß 95 Prozent unserer Bevölkerung behaupten, sie glaubten an Gott, und wenn man dann feststellt, daß in unseren Berichten über den Krieg in Vietnam hauptsächlich davon die Rede ist, wie viele Vietkongs wir täglich umgebracht haben. Es ist dies das Paradoxe in einer christlichen Kultur, in der die Religion fast völlig zu einer Ideologie geworden ist. Natürlich war die Vorstellung von Christus in der christlichen Religion selbst ein Ausdruck humanistischen Geistes. Für Nikolaus Cusanus, den großen Theologen der Renaissance, wird »die *humanitas* in Christus ... zum Band der Welt und zum höchsten Beweis ihrer inneren Einheit« (E. Cassirer, 1932, S. 183). Auch hier liegt der Nachdruck – wie beim gesamten humanistischen Denken – auf der »inneren Einheit« der Menschheit.

Es gibt einen griechischen Humanismus, der Werke wie Sophokles' ›Antigone‹ hervorgebracht hat, eines der größten humanistischen Dramen, in dem Antigone die Menschlichkeit und Kreon die von Menschen geschaffenen Gesetze der Unmenschlichkeit verkörpert. Nach dem großen römischen Humanisten Cicero muß man sich das ganze Universum als ein Weltreich vorstellen, zu dessen Bewohnern sowohl Götter als auch Menschen gehören. Ciceros Idee vom Weltreich des Menschen ist etwas völlig anderes als etwa die Vereinten Nationen. Es ist ein viel radikalerer, weitreichenderer Begriff, der hier so treffend formuliert ist.

Die großen Männer des Humanismus der Renaissance – Erasmus, Pico della Mirandola, Postel und viele andere – machten aus dem Humanismus einen Begriff, bei dem der Nachdruck auf dem »Sosein des Menschen«, auf dem ganzen, dem vollkommenen Menschen liegt, dessen Aufgabe darin besteht, sich ganz zu entfalten und das zu werden, was er potentiell ist. Mit dieser Betonung der Potentialitäten des Menschen, die zu verwirklichen sind, beginnt eine neue Art humanistischen Denkens. Diese ist dem frühen Humanismus nicht fremd, doch rückt sie einen bestimmten Aspekt noch mehr in den Vordergrund. Für die Denker des Renaissance-Humanismus war weiterhin die Betonung der Vernunft und vor allem die des Friedens wichtig. Sie erkannten die fanatische Einstellung, die in den beiden Lagern jener Zeit anzutreffen war, bei Protestanten wie bei Katholiken. Sie sahen die Unvernunft der Leidenschaften, die ihre Hand dabei im Spiel hatten. Sie versuchten, einen Krieg zu verhindern, und es mißlang ihnen. Der Dreißigjährige Krieg, der sich für Europa in materieller wie in geistiger Hinsicht so katastrophal auswirkte, brach aus trotz der leidenschaftlichen Bemühungen der humanistischen Philosophen, ihn dadurch zu verhindern, daß sie eine Atmosphäre der Objektivität schufen.

Für die Philosophie der Aufklärung vom siebzehnten bis zum neunzehnten Jahrhundert möchte ich nur die Namen von Spinoza, Locke, Lessing, Marx und Freud erwähnen.

Einer der größten europäischen Humanisten war Goethe. Für ihn galt, daß das deutsche Volk nichts sei, dafür aber der einzelne Deutsche, auch wenn die Deutschen das Gegenteil für wahr hielten. Am besten sollten Deutsche wie Juden über die ganze Welt verstreut sein, um alles Gute, was in ihnen sei, zum Wohle der Menschheit voll entfalten zu können. Vielleicht mag heute ein solcher Gedanke für verbrecherisch oder praktisch als Verrat angesehen werden, und auch die meisten anderen Völker dürften darüber äußerst entsetzt sein. Doch zur Zeit der sogenannten Befreiungskriege von der Herrschaft Napoleons, um 1814, schrieb Goethe, daß es den jungen Leuten sehr gefalle, in die Armee einzutreten. Es sei eine sehr verlockende Beschäftigung, besonders weil man sich damit den Ruf erwerben könne, ein hervorragender Patriot zu sein.

Das Wesen des Humanismus, nämlich die Idee, daß die gesamte Menschheit in jedem von uns ist, findet sich in der Renaissance und vor der Renaissance, aber erst bei Goethe bekommt sie jene Klarheit, daß H. A. Korff (1958, Band II, S. 123) formulieren kann: »Der Mensch trägt nicht nur seinen individuellen Menschen, sondern die ganze Menschheit mit allen ihren Möglichkeiten in sich.«

In gewisser Weise hat Freud diese humanistische Idee Goethes in die Praxis umgesetzt: Die gesamte Psychoanalyse – insofern sie versucht, das Unbewußte in einem anderen Menschen zu verstehen – setzt voraus, daß das, was wir im Unbewußten eines anderen entdecken, auch in uns lebendig ist. Wären wir nicht alle ein wenig verrückt, gut *und* schlecht, trügen wir nicht alle Möglichkeiten, die im Menschen vorhanden sind, in uns, wie könnten wir dann das Unbewußte, Nicht-Konventionelle, Nicht-Offizielle in einem anderen Menschen verstehen? (Es geht hier allerdings um ein wirkliches Verstehen, nicht nur um eine lehrbuchgemäße Interpretation!)

Einer der letzten großen Humanisten des vorigen Jahrhunderts war Karl Marx. In den ›Ökonomisch-philosophischen Manuskripten‹ (MEGA I, 3, S. 124 = MEW Erg. I, S. 544) schrieb er: »Ein Wesen gilt sich erst als selbständiges, sobald es auf eignen Füßen steht, und es steht erst auf eignen Füßen, sobald es sein *Dasein* sich selbst verdankt. Ein Mensch, der von der Gnade eines andern lebt, betrachtet sich als ein abhängiges Wesen.« Der Mensch ist nur dann unabhängig, wenn er sich sein vielseitiges Sein ganzheitlich aneignet und so ein ganzer Mensch ist. Mit dieser Sicht steht Marx Goethe und den Philosophen der Renaissance sehr nahe. Aber Marx fordert noch mehr als jeder andere die Unabhängigkeit, die eben darin besteht, daß man sein Dasein keinem anderen verdankt und darum »selbsttätig« sein kann. Dieses »Tätigsein« bedeutet nicht, daß man etwas »tut« und dabei geschäftig ist. Marx versteht unter Tätigsein einen Prozeß innerer Produktivität, womit er dem Verständnis des Begriffs bei Aristoteles und Spinoza sehr nahekommt. An anderer Stelle (MEGA I,3, S. 149 = MEW Erg. I, S. 567) drückt Marx dies mit folgenden Worten aus: »Wenn dein Lieben als Lieben nicht die Gegenliebe produziert, wenn du durch deine *Lebensäußerung* als liebender Mensch dich nicht zum *geliebten* Menschen machst, so ist deine Liebe ohnmächtig, ein Unglück.« – Jemand, der nicht weiß, daß dieses Zitat von Karl Marx stammt, würde es vielleicht in einer buddhistischen Quelle suchen oder bei den Humanisten der Renaissance. Leider wird Marx in der Sowjetunion fast genauso falsch dargestellt wie in den Vereinigten Staaten, so daß sein Humanismus kaum bekannt ist.

Im allgemeinen entstand der Humanismus jeweils als Reaktion auf eine Bedrohung des Menschen. Wir leben heute in einer Epoche, in der der Fortbestand der Menschheit aufs schwerste bedroht ist. Zunächst ist die physische Existenz des Menschen unverkennbar durch die wachsende Vorbereitung auf einen Atomkrieg bedroht. Aber daneben existiert noch eine andere Gefahr, welche die geistige Existenz des Menschen bedroht. In der Industriegesellschaft – ob sie kapitalistisch oder dem Namen nach kommunistisch ist, macht dabei keinen Unterschied – wird der Mensch immer mehr zu einem Ding, zum *homo consumens*, zum ewigen Verbraucher. Alles wird zum Konsumartikel. Der Mensch wird entfremdet, er wird mehr und mehr zu einem »man« statt zu einem »ich«, um mit Heidegger zu reden. Er wird immer mehr zum Organisationsmenschen, zu einem Ding, und läuft Gefahr, das Wesen seines Menschseins – daß er lebendig ist – zu verlieren.

Als Reaktion auf diese Gefahr ist in den letzten zehn Jahren die neue humanistische Bewegung oder Renaissance des Humanismus entstanden. Interessanterweise ist sie in allen ideologischen Lagern in wachsendem Maße anzutreffen. Wir finden einen neuen Humanismus in der katholischen Kirche, wozu Papst Johannes XXIII. stark beigetragen hat. Man braucht nur Namen wie Teilhard de Chardin oder auch katholische Theologen wie etwa Karl Rahner als Beweis dafür anzuführen, wie lebendig diese humanistische Bewegung ist. Bei den Protestanten gibt es eine ähnliche Bewegung. Albert Schweitzer ist einer der größten Repräsentanten des protestantischen Humanismus. Auch wenn darüber weniger bekannt ist: Dieselbe Renaissance findet man auch innerhalb des Marxismus. Ob sie auch in der Sowjetunion vorhanden ist, ist schwer zu sagen, weil darüber nichts in der Öffentlichkeit bekannt würde. Klar zu erkennen ist sie jedoch in kleineren sozialistischen Ländern, in Jugoslawien, Polen, der Tschechoslowakei und Ungarn. Adam Schaff und Georg Lukacs sind nur zwei von vielen, die für die Renaissance des Humanismus innerhalb des osteuropäischen Marxismus stehen. (Vgl. auch die Beiträge in E. Fromm, 1965a.)

Zweifellos unterscheiden sich die Auffassungen der katholischen, protestantischen und marxistischen Humanisten (und sogar die der Marxisten untereinander) stark voneinander. Trotzdem haben sie viel gemeinsam. Alle betonen, daß es nicht nur auf gedankliche Vorstellungen ankommt; vielmehr seien die hinter den Begriffen stehenden menschlichen Erfahrungen wichtig, weil die gleichen gedanklichen Vorstellungen die unterschiedlichsten menschlichen Realitäten ausdrücken (oder auch verbergen) können, während entgegengesetzte Denkmuster Ausdruck derselben menschlichen Realitäten sein können.

Es kann deshalb zwar wichtig sein, eine bestimmte Einstellung philosophischer, politischer oder auch theologischer Art in einem gedanklichen Begriff auszudrücken, Bedeutung gewinnt sie jedoch erst, wenn man gedankliche Vorstellungen mit der wirklichen Erfahrung des Menschen, der sie äußert, in Beziehung bringt. Für sich genommen sind Denkkategorien wertlos. Jeder kann sie lernen, so wie man eine Fremdsprache lernt – die einen besser, die anderen weniger gut. Aber es handelt sich immer nur um Worte, wenn nicht das praktische Tun des Betreffenden im täglichen Leben – wo es um Krieg und Frieden, um die Beziehung zum Nachbarn, um die vielen kleinen Handlungen geht, in denen der Mensch viel mehr von seinem wahren Charakter ausdrückt als in seinen Worten – in seiner menschlichen Substanz selbst wurzelt. Darum haben Humanisten aus den verschiedensten weltanschaulichen und begrifflichen Lagern mehr Gemeinsamkeiten als Unterschiede. Sie verstehen sich untereinander bemerkenswert gut, selbst wenn jeder in einem eigenen Bezugsrahmen bleibt.

Das zweite, was die Humanisten von heute miteinander verbindet, ist ihre Sorge um den Menschen, um seine volle Entfaltung, die Sorge, ihn nicht nur vor der physischen Ausrottung, sondern auch vor dem geistigen Tod zu bewahren, mit dem unsere Industriegesellschaft ihn bedroht.

Es ist nicht verwunderlich, daß der Friede und damit die Vermeidung des Fanatismus und seiner unheilvollen Folgen – der aberwitzigen Vorbereitung der universalen Vernichtung – das Hauptanliegen der Humanisten in allen Lagern ist.

Eben weil sie soviel gemeinsam haben, kommt zunehmend ein Dialog zwischen ihnen zustande; und es handelt sich dabei keineswegs um einen Disput im mittelalterlichen Sinne, sondern um einen echten Dialog. So brachte zum Beispiel eine Konferenz in der Notre-Dame-Universität Marxisten aus Europa und protestantische und katholische Theologen ins Gespräch. In Salzburg wurden letztes Jahr [1965] zwei derartige Tagungen abgehalten. Angeregt durch den Geist des Ökumenischen Konzils und durch das wachsende Interesse der Marxisten in den kleinen sozialistischen Ländern an den Problemen des Humanismus – den Problemen des Menschen schlechthin –, dürfte es immer häufiger zu solchen Veranstaltungen kommen.

Es gibt natürlich im gegenwärtigen Humanismus verschiedene Ausprägungen. Der moderne katholische und protestantische Humanismus tritt nachdrücklich für Liebe, Toleranz und Frieden ein, jedoch innerhalb eines theologischen Bezugsrahmens, so daß diese Ziele und Werte allein durch die Existenz Gottes garantiert werden. Der existentialistische Humanismus, dessen wortgewaltigster Vertreter Jean-Paul Sartre ist, betont vor allem die völlige Freiheit des Menschen. Meines Erachtens verbindet er diese Forderung jedoch mit einem beträchtlichen Maß an Verzweiflung und einer Art bürgerlicher Selbstgefälligkeit. (Es ist mir klar, daß ich mit dieser Kritik bei vielen auf Widerstand stoßen werde!) Ohne Zweifel gehört auch Sartres Existentialismus mit zur heutigen humanistischen Philosophie.

Der sozialistische Humanismus weist zwei Aspekte auf, auf die ich jetzt besonders eingehen möchte. Der erste kommt in Adam Schaffs Buch (1965) sehr deutlich zum Ausdruck. Er legt besonderen Nachdruck auf folgende Elemente des sozialistischen Humanismus: Sein Menschenbild ist durch Autonomie ohne theistischen Bezugsrahmen gekennzeichnet; es handelt sich um einen kämpferischen, das heißt einen politischen Humanismus; er ist optimistisch nicht aus Glaube, sondern aus Überzeugung. (Es ist in einem Lande wie Polen, wo sich die Hauptauseinandersetzung zwischen Marxisten und katholischer Kirche abspielt, nur zu verständlich, daß die Distanz zur Kirche betont wird.) Weitere Aspekte sind nach Adam Schaff Nächstenliebe, die Abkehr vom Egoismus und das Erleben von Glück im Engagement für das Glück anderer. Wir spüren hier einen leichten Anflug bürgerlichen Denkens des neunzehnten Jahrhunderts. Es erinnert an »das größtmögliche Glück für die größtmögliche Zahl«. Freilich geht er mit seiner völligen Ablehnung des Egoismus viel weiter und steht damit sogar in völligem Gegensatz zum bürgerlichen Denken der letzten Jahrhunderte. (Der praktische politische Aspekt des marxistischen Humanismus, nämlich die gesellschaftlichen Ursachen von Unglück abzuschaffen, bleibt hierbei natürlich bestehen.) Entscheidend bleibt die Frage, was der sozialistische Humanismus darunter versteht, wenn er vom Kampf um das Glück der anderen spricht. Um diesen zweiten Aspekt soll es im folgenden gehen. Was heißt Glück?

Kann man es subjektiv definieren? Ist jemand glücklich, wenn er tun kann, was er will? Dann wäre ein Masochist glücklich, wenn er geschlagen wird, ein Sadist wäre es, wenn er schlagen könnte, ein Drogenabhängiger, wenn er seine Droge hätte. Wenn wir das Glück in diesem subjektiven Sinne definieren, daß jeder das bekommt, was er möchte, dann haben wir eine buchstäbliche Laissez-faire-Theorie auf dem Gebiet der Moral. Diese ist völlig sinnlos, denn wenn wir nichts hätten, womit wir sie objektiv definieren könnten, dann könnte diese Art von Glück ebensogut das Schlimmste wie das Beste bedeuten.

Können wir das Ziel des Lebens überhaupt mit Begriffen definieren, die objektiv gültig sind? Kehren wir damit nicht entweder zur traditionellen Religion oder zum stalinistischen System zurück, in denen die Kirche oder der Staat bestimmen, was schön oder was gut ist und wonach der Mensch streben sollte? Hier stellt sich das ernste Problem, ob es überhaupt eine Möglichkeit gibt, einen anscheinend so ungeheuren Widerspruch aufzulösen und zu objektiv gültigen Werten zu gelangen, ohne an ein von Kirche und Staat kontrolliertes Wertsystem zu denken, das dem Menschen aufgezwungen wird. Diese Fragen bewegen die meisten Humanisten, mögen sie nun der gleichen Ansicht sein wie Adam Schaff oder nicht.

Wir müssen uns von dem Grundsatz leiten lassen, daß es kein Dogma und keine Gewalt geben darf und daß in einem nichttheistischen Humanismus sich Ideen und Werte nicht auf den Glauben an Gott gründen. Die Menschen dürfen nicht mit Gewalt gehindert werden, ihre Wünsche und Begierden zu befriedigen, nicht einmal die Drogenabhängigen. Dies gilt auch für jede Art sexueller Praxis, vorausgesetzt daß sie niemandem Schaden zufügt. Meiner Meinung nach geht es überhaupt nicht sosehr darum, die Befriedigungen von Wünschen zu tabuisieren und zu verhindern, sondern darum, den Menschen zu motivieren, wahrhaft menschliche Wünsche zu entwickeln: die Wünsche eines wachsenden, tätigen, lebendigen Menschen. Nur durch die Weiterentwicklung wahrhaft menschlicher Wünsche läßt sich ein Fortschritt erzielen. Durch das bloße Regulieren der Befriedigung bestehender Wünsche erreicht man nichts.

Wie kann man bestimmte Wünsche wecken? Im wesentlichen

geschieht dies auf zweierlei Weise. Einmal indem wir unsere humanistische Tradition ernst nehmen, was im Augenblick keineswegs der Fall ist. Was wir über unsere Tradition sagen, ist größtenteils die reine Predigt, es ist Ideologie und kein Spiegelbild des tatsächlichen Lebens. Es geht darum, ob unsere humanistische Tradition – die Tradition der besten Jahre, welche die menschliche Rasse in den letzten 2500 Jahren erlebt hat – eine Herausforderung für unsere Lebenspraxis sein kann. Und zweitens glaube ich als Sozialist, daß man bestimmte Wünsche im Menschen nur durch eine andere gesellschaftliche Praxis und Organisation, durch eine andere gesellschaftliche Atmosphäre stimulieren kann. (Vgl. hierzu meine Vorschläge im letzten Teil von E. Fromm, 1955a, GA IV.)

Die nächste Frage lautet: Wie können wir bestimmte menschliche Ziele, bestimmte menschliche Werte begründen, ohne hierfür auf Gott, die Offenbarung oder einfach auf die Tradition zurückgreifen zu müssen. Es ist meine Überzeugung, daß die Antwort darin zu finden ist, daß wir die Bedingungen der menschlichen Existenz untersuchen, dabei die inneren Widersprüche des menschlichen Daseins analysieren, und daß wir herausfinden, wie auf diese Widersprüche optimal reagiert werden kann. Der Buddhismus hat vor 2500 Jahren diese Aufgabe recht gut gelöst. Ob man den buddhistischen Schlußfolgerungen zustimmt oder nicht – der Buddhismus wird heutzutage ohnehin größtenteils mißverstanden –, so war dieser doch zweifellos ein völlig unmythologischer, rationaler Versuch, das Dasein des Menschen zu begreifen, seine Problematik zu sehen und eine Antwort darauf zu finden. Es mag bessere Antworten geben, aber methodologisch wurde hier zum erstenmal eine objektive, rationale Analyse durchgeführt.

Meiner Ansicht nach laufen die speziellen Lösungen und Werte dieses Typs von Humanismus etwa auf folgendes hinaus: Es gibt einen höchsten Wert in Gestalt der produktiven, selbsttätigen Persönlichkeit im Sinne von Spinoza, Goethe oder Marx. Sie ist das Gegenteil des *homo consumens*, des ewigen Säuglings, der die durchschnittliche Charakterstruktur in unserer heutigen Industriegesellschaft verkörpert. Außerdem sollte jeder seine Liebe und Vernunft zu entwickeln suchen. Als einen weiteren höchsten Wert betrachte ich die Fähigkeit des Menschen zur Transzendenz, ein Wort, dessen man sich gewöhnlich in theologischen Diskussionen bedient. Es heißt, daß der Mensch über sich hinausgehen muß, um ganz Mensch zu werden, und dieses »Übersichhinaus« wird dann gewöhnlich als Gott definiert. Wenn man jedoch von menschlichen Erfahrungen spricht, kommt man sehr gut ohne den Gottesbegriff aus, und die Frage lautet statt dessen: Kann der Mensch sein Ich loslassen? Kann er aus dem Gefängnis seiner Absonderung hinaustreten? Kann er ganz leer werden? Kann er sich der Welt öffnen? Kann er – wie die Mystiker sich ausdrückten – leer sein, um voll zu werden? Kann er arm sein, um reich zu werden? Oder um von Marx immer wieder gebrauchte Begriffe zu verwenden: Worauf es ankommt, ist, daß der Mensch viel *ist*, nicht daß er viel *hat* und sich aneignet. (Vgl. MEGA I,3, S. 118 = MEW Erg. I, S. 540.) Diesen Gedanken radikalisiert, kommen wir zu einer Art atheistischen Mystik, wie wir sie im Zen-Buddhismus finden, aber auch bei einigen westlichen Philosophen, die mit dem Zen-Buddhismus nichts zu tun haben. Man könnte diese Einstellung als ein Gefühl des Einsseins mit der Welt beschreiben, das sich begrifflich nicht auf den Glauben an Gott gründet, sich aber trotzdem nicht allzusehr von der Auffassung gewisser christlicher, jüdischer oder islamischer Mystiker unterscheidet, welche der gleichen Erfahrung mit anderen Begriffen und Worten Ausdruck verliehen haben.

Schließlich ist noch zu sagen, daß jeder derartige Humanismus eine strenge Hierarchie der Werte aufweisen muß; ohne diese ist alles andere sinnlos. Es handelt sich dabei nicht um eine ideologische, sondern um eine reale Hierarchie. Wenn jemand Pianist werden will und dies versucht, indem er jede Woche eine halbe Stunde übt, so ist er ein Narr – und wenn sich jemand die Werte des Humanismus zu eigen machen will, ohne sie über alles andere zu stellen, dann macht er sich selbst etwas vor. Im weltlichen Sinn ist er deswegen noch kein Narr. Um theologisch zu sprechen: Wenn der Mensch sich nicht zwischen Gott und Kaiser entscheidet, wird er sich höchstwahrscheinlich dem Kaiser verkaufen; und ganz sicher wird er sich dann nicht für Gott und jene Werte entscheiden, die diesem in einem weiterentwickelten humanistischen System entsprechen.

Im neunzehnten Jahrhundert hat Nietzsche verkündet, daß

Gott tot sei. Heute sagen einige protestantische Theologen das gleiche. Für die meisten Menschen dürfte diese Feststellung auch zutreffen. Unser Problem heute ist aber nicht sosehr die Frage, ob Gott tot ist, sondern ob der Mensch tot ist, und zwar nicht sosehr im physischen Sinne – obwohl auch diese Gefahr droht – sondern im geistigen. Es geht um die Frage, ob der Mensch mehr und mehr zum Automaten wird, so daß er schließlich völlig leer und ohne jede Lebendigkeit sein wird. Der neue Humanismus ist sich in all seinen verschiedenen Formen einig darüber, daß der Mensch nicht sterben darf. Katholiken und Protestanten geht es darum, daß Gott nicht sterben soll, aber sie kämpfen mit allen anderen Humanisten gemeinsam darum, vor allem den Tod des Menschen zu verhindern.

Wichtig ist, nicht nur gegen das Böse zu protestieren. Es gibt heute so viel Böses in der Welt, daß ein jeder von uns zweifellos Anlaß zu protestieren hat. Aber stellen wir uns einmal für einen Augenblick vor, es gäbe keine Rassenfrage und keinen Krieg in Vietnam. Was würden wir dann mit unserem Leben anfangen? Ich glaube, man sollte sich darüber klar sein, daß das Protestieren zwar notwendig, aber doch nicht die einzige Form menschlicher Aktivität ist. Für die jüngere Generation ist es von entscheidender Bedeutung, daß sie sich überlegt, wo sie einen Bezugsrahmen, eine Orientierung und ein Ziel ihrer Hingabe finden kann, die nicht bürgerlich und damit völlig subjektiver Art sind, die aber auch nicht der traditionellen Religion entsprechen und sich nach den Geboten des Dogmas und der das Dogma verkündigenden Organisation richten. Sie soll sich für Werte entscheiden, die zu einer größeren Lebendigkeit im humanistischen Sinne führen. Wir dürfen uns nicht scheuen, uns den geistigen Problemen unserer menschlichen Existenz zu stellen.

Den Vorrang hat der Mensch!

Als die mittelalterliche Welt zerbrach, glaubte der westliche Mensch, auf dem Weg zur endgültigen Erfüllung seiner kühnsten Träume und Visionen zu sein. Er befreite sich von der Autorität einer totalitären Kirche, von der Last traditionellen Denkens und von den geographischen Schranken unserer erst zur Hälfte entdeckten Erde. Er entdeckte die Natur und das Individuum. Er wurde sich seiner eigenen Kraft und seiner Fähigkeit bewußt, sich zum Herrscher über die Natur und die Tradition zu machen. Er glaubte an eine Synthese zwischen seinem neugeborenen Gefühl der Kraft und Rationalität und den spirituellen Werten seiner humanistisch-geistigen Tradition, zwischen der prophetischen Idee einer messianischen Zeit des Friedens und der Gerechtigkeit, wie sie die Menschheit im historischen Prozeß erreichen könnte, und der griechischen Tradition theoretischen Denkens. In den auf die Renaissance und die Reformation folgenden Jahrhunderten baute er eine neue Naturwissenschaft auf, die schließlich zur Freisetzung bis dahin unbekannter produktiver Kräfte und zur völligen Umwandlung der materiellen Welt führte. Er schuf politische Systeme, welche die freie und produktive Entwicklung des Individuums zu garantieren scheinen; er verkürzte die Arbeitszeit so sehr, daß der Mensch im Westen heute soviel Freizeit genießen kann, wie es sich seine Vorväter kaum hätten träumen lassen. Und dennoch – wo stehen wir heute?

Die Welt ist in zwei Lager geteilt, in das kapitalistische und das kommunistische. Beide Lager glauben sich im Besitz des Schlüssels zur Erfüllung der Hoffnungen vergangener Generationen; beide behaupten, sie müßten zwar nebeneinander existieren, doch seien ihre Systeme miteinander unvereinbar.

Haben sie damit recht? Befinden sie sich nicht beide in einem Prozeß, der auf einen industriellen Neo-Feudalismus, auf Industriegesellschaften zustrebt, die von großen, mächtigen Bürokratien gelenkt und manipuliert werden, Gesellschaften, in denen der einzelne zu einem gut genährten und gut gepflegten

Automaten wird, der seine Individualität, seine Unabhängigkeit und seine Humanität verliert? Müssen wir uns mit der Tatsache abfinden, daß wir zwar die Natur beherrschen und Güter in einem ständig wachsenden Umfang herstellen können, daß wir aber die Hoffnung auf eine neue Welt der Solidarität und Gerechtigkeit aufgeben müssen und daß dieses Ideal in dem leeren technologischen Begriff des »Fortschritts« verlorengeht?

Wir fragen uns, ob es keine andere Alternative als die zwischen einem kapitalistischen und einem kommunistischen Industrie-Managertum gibt. Können wir nicht eine Industriegesellschaft aufbauen, in der das Individuum seine Rolle als aktives, verantwortliches Glied behält, das die Umstände beherrscht, anstatt von ihnen beherrscht zu werden? Sind wirtschaftlicher Wohlstand und ein erfülltes menschliches Dasein wirklich nicht miteinander vereinbar?

Hinzu kommt, daß diese beiden Lager nicht nur wirtschaftlich und politisch miteinander im Konkurrenzkampf stehen, sie stehen sich auch beide in der tödlichen Angst vor einem Atomangriff gegenüber, der sie beide – und vielleicht die gesamte Zivilisation – auslöschen würde. Der Mensch hat die Atombombe geschaffen. Sie ist eine seiner größten intellektuellen Leistungen. Aber er hat die Herrschaft über seine eigene Schöpfung verloren. Die Bombe ist ihm zum Herrn, die Macht seiner eigenen Schöpfung zu seinem gefährlichsten Feind geworden.

Bleibt uns noch Zeit, diesen Kurs zu verändern? Wird es uns gelingen, ihn zu wenden und selbst wieder zum Herrn der Umstände zu werden, anstatt uns von ihnen beherrschen zu lassen? Können wir die tief eingewurzelte Barbarei überwinden, die uns veranlaßt, den Versuch zu machen, Probleme auf die einzige Weise zu lösen, auf die sie niemals gelöst werden können – nämlich mit Gewalt und Mord? Können wir die Kluft zwischen unseren großen intellektuellen Leistungen und unserer emotionalen und moralischen Rückständigkeit schließen?

Um diese Frage beantworten zu können, müssen wir die gegenwärtige *Situation des Menschen in der westlichen Welt* genauer untersuchen. Für die meisten Amerikaner scheint der Erfolg der industriellen Organisationsmethode klar und überzeugend zu sein. Neue Produktivkräfte (Dampf, Elektrizität, Öl und Atomenergie) und neue Formen der Arbeitsorganisation (zentrale Planung, Bürokratisierung, verstärkte Arbeitsteilung, Automation usw.) haben in den fortschrittlichsten Industrieländern einen materiellen Wohlstand geschaffen, der die extreme Armut, in der die Mehrheit der Bevölkerung noch vor hundert Jahren lebte, beseitigt hat.

In den letzten hundert Jahren hat man die Arbeitszeit von siebzig auf vierzig Stunden pro Woche verkürzt, und mit zunehmender Automation kann eine ständig weiter verkürzte Arbeitszeit dem Menschen eine Freizeit bescheren, von der er sich nie hätte träumen lassen. Jedes Kind erhält heute eine elementare Schulbildung; ein großer Teil der Bevölkerung besucht höhere Schulen. Film, Rundfunk, Fernsehen, Sport und Hobbys füllen die vielen Stunden aus, die dem Menschen heute als Freizeit zur Verfügung stehen.

Es sieht in der Tat so aus, als ob erstmals in der Geschichte das Hauptanliegen der großen Mehrheit – und bald aller Menschen – in der westlichen Welt es sein würde, ihr Leben wirklich zu leben statt um ihren materiellen Lebensunterhalt kämpfen zu müssen. Die kühnsten Träume unserer Vorfahren scheinen kurz vor ihrer Verwirklichung zu stehen, und die westliche Welt scheint die Antwort auf die Frage gefunden zu haben, was es heißt, »gut zu leben«.

Während viele in Nordamerika und Westeuropa noch auf diesem Standpunkt stehen, wächst die Zahl nachdenklicher und sensibler Menschen, welche Risse in diesem verlockenden Bild sehen. Sie bemerken vor allem, daß selbst in dem reichsten Land der Welt, in den Vereinigten Staaten, etwa ein Fünftel der Bevölkerung an dem »guten Leben« der Mehrzahl keinen Anteil hat, daß eine große Zahl unserer Mitbürger den materiellen Lebensstandard nicht erreicht hat, der die Grundlage für eine menschenwürdige Existenz ist. Sie sind sich außerdem bewußt, daß bei mehr als zwei Dritteln der Menschheit, die jahrhundertelang Opfer des westlichen Kolonialismus waren, der Lebensstandard zehn- bis zwanzigmal niedriger ist als bei uns, und daß ihre Lebenserwartung nur halb so groß ist wie die der Durchschnittsamerikaner.

Diese Menschen sind betroffen von den irrationalen Widersprüchen, die unserem System anhaften. Während es unter uns Millionen und außerhalb Amerikas Hunderte von Millionen gibt, die nicht satt werden können, schränken wir unsere landwirtschaftliche Produktion ein und geben überdies jedes Jahr Hunderte von Millionen Dollar aus, um unsere Überschüsse zu lagern. Wir besitzen alles im Überfluß, und doch ist unser Leben nicht sehr anregend. Wir sind wohlhabender geworden, haben aber weniger Freiheit. Wir konsumieren mehr, sind jedoch innerlich leerer. Wir verfügen über mehr Atomwaffen, sind aber dadurch nur wehrloser. Wir sind gebildeter, gleichzeitig wurden unser kritisches Urteilsvermögen und unsere Überzeugungen schwächer. Wir sind religiöser und werden dabei immer materialistischer. Wir reden von der amerikanischen Tradition, welche tatsächlich die geistige Tradition eines radikalen Humanismus ist, und wir nennen jene »unamerikanisch«, die diese Tradition auf die heutige Gesellschaft anwenden möchten.

Wir können uns – und viele tun das – mit der Annahme trösten, daß es nur wenige Generationen dauern wird, bis der Westen und schließlich die ganze Welt zu einem *wirtschaftlichen* Überfluß gelangt sein wird. Die entscheidende Frage aber lautet: *Was ist aus dem Menschen geworden? Wohin gelangt er, wenn wir den Weg weitergehen, den unser industrielles System geht?*

Um zu verstehen, warum jene Elemente, mit deren Hilfe es unserem System gelungen ist, einige seiner wirtschaftlichen Probleme zu lösen, zu einer immer größeren Unfähigkeit führen, das *Problem des Menschseins* zu lösen, müssen wir die Merkmale untersuchen, die für den Kapitalismus des zwanzigsten Jahrhunderts kennzeichnend sind.

Die Konzentration des Kapitals hat zur Bildung riesiger Unternehmen geführt, die von hierarchisch organisierten Bürokratien gemanagt werden. Große Massen von Arbeitern arbeiten zusammen als Teil einer riesigen organisierten Produktionsmaschine, die – um überhaupt zu funktionieren – glatt, reibungslos und ununterbrochen laufen muß. Der einzelne Arbeiter und Angestellte wird zu einem Zahnrädchen in dieser Maschine; seine Funktion und seine Tätigkeit werden von der Gesamtstruktur der Organisation, in der er arbeitet, bestimmt. In den großen Unternehmen sind die tatsächlichen Eigentümer der Produktionsmittel nicht mehr mit den Managern identisch; sie haben ihre Bedeutung verloren. Die großen Unternehmen werden von einem bürokratischen Management geleitet, dem das Unternehmen zwar nicht rechtlich gehört, die aber das Sagen haben. Diese Manager haben nicht die Eigenschaften der früheren Besitzer – individuelle Initiative, Wagemut, Risikobereitschaft –, sondern die Eigenschaften des Bürokraten – mangelnde Individualität, Unpersönlichkeit, Vorsicht, Mangel an Phantasie. Sie verwalten *Dinge und Menschen*; ihre Beziehungen zu Menschen sind die gleichen wie ihre Beziehungen zu Dingen. Diese Managerklasse besitzt das Unternehmen zwar nicht im rechtlichen Sinn, aber tatsächlich hat sie es unter ihrer Kontrolle. In Wirklichkeit ist sie weder den Aktionären noch denen verantwortlich, die im Betrieb arbeiten. Während die wichtigsten Produktionszweige in den Händen der großen Konzerne sind, werden diese Konzerne praktisch von ihren Top-Managern regiert. Die Riesenunternehmen, welche das wirtschaftliche – und in weitem Maß auch das politische – Schicksal des Landes kontrollieren, sind das genaue Gegenteil eines demokratischen Prozesses. *Sie repräsentieren Macht, ohne von denen kontrolliert zu werden, die dieser Macht unterstehen.*

Außer von der industriellen Bürokratie wird die überwiegende Mehrheit der Bevölkerung auch noch von anderen Bürokratien verwaltet. Dies gilt vor allem für die Verwaltung durch die Regierungsbürokratien (einschließlich der Militärverwaltungen), die das Leben vieler Millionen Menschen in der einen oder anderen Weise beeinflussen und lenken. Die Bürokratien von Industrie, Militär und Regierung sind dazuhin mehr und mehr untereinander verflochten, und zwar sowohl in dem, was sie verwalten, als auch personell. Hand in Hand mit der Entwicklung immer größerer Unternehmen haben sich auch die Gewerkschaften zu riesigen bürokratischen Maschinerien entwickelt, bei denen der einzelne nur noch sehr wenig zu sagen hat. Viele Gewerkschaftsfunktionäre sind in der gleichen Weise Manager-Bürokraten wie die Industriellen.

Mit dem bürokratischen Management von Menschen wird der demokratische Prozeß in ein Ritual verwandelt. Ob es sich um die Aktionärsversammlung eines großen Unternehmens, um eine politische Wahl oder um ein Gewerkschaftstreffen handelt, der einzelne hat fast seinen gesamten Einfluß auf die zu treffenden Entscheidungen verloren und nimmt keinen aktiven Anteil mehr daran. Besonders im politischen Bereich werden Wahlen mehr und mehr auf Volksentscheide reduziert, bei denen der einzelne zum Ausdruck bringen kann, welche von zwei Wahllisten mit Berufspolitikern ihm mehr zusagt, so daß man bestenfalls sagen kann, daß er mit seiner Einwilligung regiert wird. Aber die Mittel, mit denen man diese Zustimmung zustande bringt, sind Suggestion und Manipulation, und aus all diesen Gründen werden die fundamentalsten Entscheidungen – nämlich die der Außenpolitik, bei denen es um Krieg und Frieden geht – von kleinen Gruppen getroffen, die der Bürger kaum kennt.

Die Idee der Demokratie war nach Auffassung der Gründungsväter der Vereinigten Staaten keine rein politische. Sie wurzelte in der geistigen Tradition des prophetischen Messianismus, der Evangelien, des Humanismus und der Philosophen der Aufklärung des achtzehnten Jahrhunderts. Alle diese Ideen und Bewegungen kreisten um die eine Hoffnung, daß der Mensch sich im Laufe seiner Geschichte von seiner Armut, seiner Unwissenheit und der Ungerechtigkeit befreien und eine Gesellschaft voller Eintracht, Friede und Harmonie zwischen Mensch und Mensch und zwischen Mensch und Natur aufbauen könne. Die Idee, daß die Geschichte ein Ziel hat, und der Glaube an die Vervollkommnungsfähigkeit des Menschen innerhalb des historischen Prozesses war kennzeichnend für das westliche Denken. Es ist dies der Boden, in dem die amerikanische Tradition wurzelt und aus dem sie ihre Kraft und Lebendigkeit bezieht. Was ist aus der Idee der Vervollkommnungsfähigkeit des Menschen und der Gesellschaft geworden? Sie ist zu einem seichten Begriff des »Fortschritts« abgesunken, zu einer Zukunftsvision von der Herstellung immer zahlreicherer und immer besserer *Dinge*. Man verbindet mit ihr nicht mehr die Geburt des vollkommen lebendigen und produktiven *Menschen*. Unsere politischen Vorstellungen haben ihre geistigen Wurzeln verloren. Sie sind zu reinen Zweckmäßigkeitsüberlegungen geworden, die nach dem Kriterium beurteilt werden, ob sie einem höheren Lebensstandard und einer wirksameren

Form der politischen Verwaltung dienen. Nachdem sie nicht mehr im Gefühl und in der Sehnsucht des Menschen gründen, sind sie zu leeren Hülsen geworden, die man wegwirft, wenn dies zweckmäßig erscheint.

Nicht nur im Produktionsbereich wird der einzelne gemanagt und manipuliert, sondern auch im Konsumbereich, der angeblich gerade das Gebiet ist, auf dem man frei wählen kann. Ob es sich um den Konsum von Nahrungsmitteln, Kleidung, Alkohol, Zigaretten oder um Kino- und Fernsehprogramme handelt, stets wird ein mächtiger Suggestionsapparat eingesetzt, der einem doppelten Zweck dient: Erstens soll er das Verlangen des einzelnen nach neuen Gebrauchsgütern ständig steigern und es zweitens in die Kanäle leiten, die für die Industrie den höchsten Profit abwerfen. Die Höhe des in die Gebrauchsgüter investierten Kapitals und der Konkurrenzkampf zwischen ein paar Riesenunternehmen machen es notwendig, den Konsum nicht dem Zufall zu überlassen und dem Verbraucher nicht die freie Wahl zu geben, ob er mehr kaufen und was er kaufen will. Sein Appetit muß ständig gereizt werden, sein Geschmack manipuliert, gemanagt und berechenbar gemacht werden. Der Mensch wird in den »Konsumenten« verwandelt, in den ewigen Säugling, der keinen anderen Wunsch hat, als immer mehr und immer »bessere« Dinge zu konsumieren.

Während unser Wirtschaftssystem den Menschen materiell reicher gemacht hat, hat es seine Menschlichkeit verkümmern lassen. Trotz aller Propaganda und aller Beteuerungen über den Glauben der westlichen Welt an Gott, über ihren Idealismus und ihre geistigen Interessen hat unser System eine materialistische Kultur und einen materialistischen Menschen geschaffen.

Während seiner Arbeitszeit wird der einzelne als Teil eines Produktionsteams gelenkt. In der Freizeit wird er zum perfekten Konsumenten gemacht, dem das schmeckt, von dem man ihm sagt, daß es ihm schmecken soll und der sich trotzdem in der Illusion wiegt, seinem eigenen Geschmack zu folgen. Immerzu werden ihm von verführerischen Stimmen Werbeslogans und Suggestionen eingehämmert, die ihm den letzten Rest seines Wirklichkeitssinns nehmen, der ihm vielleicht noch geblieben war. Von Kindheit an nimmt man ihm den Mut zu echten Überzeugungen. Es gibt nur wenig kritisches Denken, nur wenig echtes Gefühl, so daß nur der Konformismus, die Übereinstimmung mit allen anderen, den einzelnen von dem unerträglichen Gefühl der Einsamkeit und des Verlorenseins retten kann. Er erfährt sich nicht als aktiver Träger seiner eigenen Kräfte und seines inneren Reichtums, sondern als ein verarmtes »Ding«, das von Mächten abhängig ist, die außerhalb seiner selbst sind und in die er seine lebendige Substanz hineinprojiziert hat. Der Mensch ist sich selbst entfremdet und beugt die Knie vor dem Werk seiner Hände. Er kniet vor den Dingen, die er produziert, vor dem Staat und vor den Führern, die er selbst in den Sattel gehoben hat. Sein eigenes Tun wird ihm zu einer fremden Macht, die über ihm und gegen ihn steht, statt daß er sie beherrscht.

Mehr denn je zuvor in der Geschichte ist die Verdinglichung unseres eigenen Produktes zu einer objektiven Macht über uns geworden, zu einem der Hauptfaktoren, die unsere Entwicklung bestimmen, zu einer Macht, die sich unserer Kontrolle entzieht, die unsere Erwartungen zunichte macht und unseren Berechnungen spottet. Die Erzeugnisse, die Maschinen, der Staat des modernen Menschen sind zu seinen Götzen geworden, und diese Götzen repräsentieren für ihn die eigenen Lebenskräfte in einer entfremdeten Form.

Marx hatte zweifellos recht, als er (1971, S. 240) sagte: »An die Stelle *aller* physischen und geistigen Sinne ist daher die einfache Entfremdung *aller* dieser Sinne, der Sinn des *Habens* getreten. Das Privateigentum hat uns so dumm und einseitig gemacht, daß ein Gegenstand erst der *unsrige* ist, wenn wir ihn haben, er also als Kapital für uns existiert, oder von uns unmittelbar besessen, gegessen, getrunken, an unsrem Leib getragen, von uns bewohnt etc., kurz *gebraucht* wird.« Nach Marx sind wir arm trotz all unseres Reichtums, weil wir viel *haben,* aber wenig *sind.*

Die Folge ist, daß der Mensch sich unsicher, einsam und deprimiert fühlt und daß er inmitten all dieses Überflusses an einem Mangel an Freude leidet. Das Leben hat für ihn keinen Sinn; er hat das unbestimmte Gefühl, daß die Bedeutung des Lebens nicht darin liegen kann, nur Konsument zu sein. Er könnte die Freud- und Sinnlosigkeit des Lebens nicht ertragen, wenn ihm das System nicht zahllose Auswege eröffnete, vom

Fernseher bis zu den Tranquilizern, die es ihm ermöglichen zu vergessen, daß ihm mehr und mehr alles Wertvolle im Leben verlorengeht. Trotz aller Werbesprüche, die das Gegenteil behaupten, nähern wir uns rasch einer von Bürokraten beherrschten Gesellschaft, die einen wohlgenährten und gut versorgten, entmenschlichten und deprimierten Massenmenschen verwalten. Wir produzieren Maschinen, die wie Menschen sind, und Menschen, die wie Maschinen sind. Was noch vor fünfzig Jahren die größte Kritik am *Sozialismus* war – daß er zu Uniformität, Bürokratisierung, Zentralisierung und zu einem seelenlosen Materialismus führen würde –, ist im heutigen *Kapitalismus* Wirklichkeit geworden. Wir sprechen von Freiheit und Demokratie, und trotzdem fürchten sich immer mehr Menschen vor der Verantwortung, die Freiheit mit sich bringt, und ziehen die Sklaverei eines wohlgenährten Roboters vor; sie glauben nicht mehr an Demokratie und sind glücklich, es den politischen Experten überlassen zu können, Entscheidungen zu treffen.

Wir verfügen inzwischen über ein weitverbreitetes Kommunikationssystem mit Rundfunk, Fernsehen und Presse. Trotzdem sind wir über unsere politische und gesellschaftliche Wirklichkeit falsch unterrichtet, und mehr indoktriniert als informiert. Tatsächlich herrscht in bezug auf unsere Meinungen und Ideen eine Uniformität, die man leicht als die Folge politischen Drucks oder von Angst erklären könnte. So scheinen alle »freiwillig« miteinander übereinzustimmen, obwohl unser System auf der Idee beruht, daß wir das Recht haben, nicht übereinzustimmen und unterschiedlichen Ideen den Vorzug zu geben.

Doppeldeutigkeit ist in den Ländern mit freier Marktwirtschaft genauso an der Tagesordnung wie bei deren Gegnern. Erstere bezeichnen die »Volksdemokratien« als Diktaturen, letztere bezeichnen Diktaturen als »freiheitsliebende Völker«, wenn sie zu ihren politischen Verbündeten gehören. Von der Möglichkeit, daß fünfzig Millionen Amerikaner durch einen Atomangriff getötet werden könnten, spricht man als einem »Kriegsrisiko«, und von einem Sieg spricht man als von einer »entscheidenden Kraftprobe«, wo doch gesundes Denken einem klarmachen sollte, daß es bei einer Atomkatastrophe für keine Seite einen Sieg geben wird.

Das Bildungssystem hat sich von der Grundschule an weiterentwickelt. Obwohl die Menschen aber heute über mehr Bildung verfügen, besitzen sie weniger Vernunft, Urteilsvermögen und Überzeugung. Bestenfalls verbessert man ihre Intelligenz, aber ihre Vernunft – das heißt ihre Fähigkeit, unter die Oberfläche der Dinge zu schauen und die dem individuellen und gesellschaftlichen Leben zugrunde liegenden Kräfte zu verstehen – nimmt ständig ab. Das Denken wird mehr und mehr vom Gefühl abgespalten, und allein die Tatsache, daß die Menschen sich damit abfinden, daß die Drohung eines Atomkriegs über der gesamten Menschheit schwebt, zeigt, daß der moderne Mensch an einem Punkt angekommen ist, wo man an seiner geistigen Gesundheit zweifeln muß.

Statt Herr der von ihm gebauten Maschinen zu sein, ist der Mensch zu ihrem Sklaven geworden. Aber der Mensch ist nicht dazu geschaffen, ein Ding zu sein, und trotz aller Befriedigung durch Konsum kann man die dem Menschen innewohnenden Lebenskräfte nicht ständig lähmen. Uns bleibt nur die Wahl, entweder wieder Herr über die Maschine zu werden und die Produktion wieder zu einem Mittel statt zum Selbstzweck zu machen und sie zur Entfaltung des Menschen zu benutzen – oder aber Gefahr zu laufen, daß sich die unterdrückten Lebensenergien in chaotischen, destruktiven Formen äußern. Der Mensch wird lieber das Leben zerstören wollen als an Langeweile zugrunde zu gehen.

Können wir die Art unserer gesellschaftlichen und wirtschaftlichen Organisation für diesen Zustand des Menschen verantwortlich machen? Wie bereits oben angedeutet, führt unser industrielles System, seine Art der Produktion und des Konsums und der Beziehungen von Mensch zu Mensch, die es begünstigt, eben zu der menschlichen Situation, die ich beschrieben habe. Nicht weil es diese Situation erzeugen *möchte*, und nicht aus böser Absicht einzelner, sondern aufgrund der Tatsache, daß der Charakter des Durchschnittsmenschen durch seine Lebensweise geformt wird, die ihrerseits durch die Gesellschaftsstruktur bedingt ist.

Zweifellos unterscheidet sich die Form, die der Kapitalismus im zwanzigsten Jahrhundert angenommen hat, sehr stark von der im neunzehnten Jahrhundert – der Unterschied ist tatsächlich so groß, daß es zweifelhaft ist, ob man für beide Systeme überhaupt den gleichen Ausdruck gebrauchen sollte. Die enorme Konzentration des Kapitals in den Riesenunternehmen, die zunehmende Trennung des Managements von den Eigentümern, die Existenz mächtiger Gewerkschaften, staatliche Zuschüsse für die Landwirtschaft und gewisse Teile der Industrie, die Merkmale des »Wohlfahrtsstaats«, Preiskontrollen, eine gelenkte Marktwirtschaft und noch viele andere Merkmale unterscheiden den Kapitalismus des zwanzigsten Jahrhunderts radikal von dem früherer Zeiten. Aber welcher Terminologie wir uns auch immer bedienen, gewisse Grundelemente sind doch dem alten und dem neuen Kapitalismus gemeinsam geblieben: das Prinzip, daß nicht Solidarität und Liebe, sondern individualistische, egoistische Tätigkeit für jeden die besten Resultate zeitigt; der Glaube, daß ein unpersönlicher Mechanismus, nämlich der Markt, das Leben der Gesellschaft regulieren sollte und nicht der Wille, die Wünsche und die Planung des Volkes. Der Kapitalismus stellt die Dinge (das Kapital) höher als das Leben (die Arbeit). Die Macht erwächst aus dem Besitz und nicht aus der Tätigkeit. Der heutige Kapitalismus legt der freien Entfaltung des Menschen noch weitere Hindernisse in den Weg. Er braucht ein reibungslos arbeitendes Team von Arbeitern, Angestellten, Ingenieuren und Konsumenten; er braucht sie, weil die von Bürokratien gelenkten Großunternehmen diese Art der Organisation und den »Organisationsmenschen« brauchen, der sich einpassen kann. Unser System muß Menschen erzeugen, die zu den Erfordernissen des Systems passen; es muß Menschen erzeugen, die in großer Zahl reibungslos zusammenarbeiten, die immer mehr konsumieren wollen, deren Geschmack standardisiert und leicht vorauszusehen und zu beeinflussen ist. Es braucht Menschen, die das Gefühl haben, sie seien frei und unabhängig, keiner Autorität und keinen Gewissensgrundsätzen unterworfen, und die trotzdem bereit sind, sich kommandieren zu lassen und zu tun, was man von ihnen erwartet, sich in die soziale Maschinerie reibungslos einzupassen; Menschen, die sich ohne Gewalt und ohne Führer führen lassen, die ohne Ziel angetrieben werden können, außer dem einen Ziel, ihre Sache gut zu machen, in Bewegung zu bleiben und voranzukommen. Die Produktion wird von dem Prinzip beherrscht, daß Kapitalinvestition Profit bringen muß, und nicht von dem Prinzip, daß die wirklichen Bedürfnisse des Volkes bestimmen sollten, was produziert wird. Da alles, einschließlich Rundfunk, Fernsehen, Bücher und Arzneimittel dem Profitprinzip unterworfen ist, werden die Menschen in einen Konsum hineinmanövriert, der für den Geist und gelegentlich auch für den Körper Gift ist.

Daß es unserer Gesellschaft nicht gelingt, die menschlichen Hoffnungen, die in unserer geistigen Tradition wurzeln, zu erfüllen, hat für die beiden brennendsten Probleme unserer Zeit unmittelbare Konsequenzen: für den Frieden und für den Ausgleich zwischen dem Reichtum des Westens und der Armut von zwei Dritteln der Menschheit.

Die Entfremdung des modernen Menschen mit allen ihren Konsequenzen macht es ihm schwer, diese Probleme zu lösen. Weil er die Dinge anbetet und die Ehrfurcht vor dem Leben verloren hat, vor seinem eigenen Leben und vor dem seiner Mitmenschen, ist er nicht nur blind für die moralischen Grundsätze, sondern auch für ein rationales Denken im Interesse seines Überlebens. Es ist klar, daß die atomare Rüstung leicht zu einer allgemeinen Vernichtung führen kann und daß, selbst wenn ein Atomkrieg vermieden werden könnte, sie zu einem Klima der Angst, des Argwohns und der gegenseitigen Kontrolle führen wird, genau zu dem Klima, in welchem Freiheit und Demokratie nicht leben können. Es ist klar, daß die wirtschaftliche Kluft zwischen den armen und den reichen Völkern zu heftigen Konflikten und zu Diktaturen führen wird – und trotzdem werden nur halbherzige und daher erfolglose Versuche zur Lösung dieser Probleme vorgeschlagen. Offenbar wollen wir tatsächlich beweisen, daß die Götter mit Blindheit schlagen, wen sie verderben wollen.

Wenn dies für den Kapitalismus gilt, was ist dann über den *Sozialismus* zu sagen? Welche Absichten verfolgt er und was ist in jenen Ländern erreicht worden, in denen er die Chance hatte, verwirklicht zu werden?

Der Sozialismus des neunzehnten Jahrhunderts – in seiner marxistischen Form, aber auch in den vielen anderen Versionen – wollte die materielle Grundlage für ein menschenwürdiges Dasein für alle schaffen. Er wollte, daß die Arbeit das Kapital, und nicht das Kapital die Arbeit lenke. Für den Sozialismus waren Arbeit und Kapital nicht nur zwei wirtschaftliche Kategorien. Für ihn waren es zwei Prinzipien: das Kapital das Prinzip angehäufter Dinge, das Prinzip des *Habens*; und die Arbeit das Prinzip des Lebens und der Kräfte des Menschen, das Prinzip des *Seins* und des Werdens. Die Sozialisten erkannten, daß im Kapitalismus die Dinge das Leben dirigieren; daß das *Haben* größeres Gewicht besitzt als das *Sein*; daß die Vergangenheit die Gegenwart lenkt – und sie wollten diese Relation umkehren. Das Ziel des Sozialismus war die Emanzipation des Menschen, seine Wiederherstellung als ein nicht entfremdetes und nicht verkrüppeltes Individuum, das in eine neue, reiche, spontane Beziehung zu seinen Mitmenschen und zur Natur treten sollte. Das Ziel des Sozialismus war, daß der Mensch die Ketten, die ihn banden, die Fiktionen und Unwirklichkeiten abschütteln und sich in ein Wesen verwandeln solle, das von den Kräften seines Fühlens und Denkens schöpferischen Gebrauch machen könne. Der Sozialismus wollte, daß der Mensch unabhängig würde, das heißt daß er auf eigenen Füßen stehen könne, und er glaubte, daß der Mensch nur dann auf eigenen Füßen stehen kann, wenn er – wie Marx (MEW, Erg. I, S. 539) sagte – seine Existenz sich selbst verdankt, denn »jedes seiner *menschlichen* Verhältnisse zur Welt, Sehen, Hören, Riechen, Schmecken, Fühlen, Denken, Anschauen, Empfinden, Wollen, Tätigsein, Lieben, kurz alle Organe seiner Individualität ... sind in ihrem *gegenständlichen* Verhalten oder in ihrem *Verhalten zum Gegenstand* die Aneignung desselben ... die Betätigung seiner menschlichen Wirklichkeit«. Ziel des Sozialismus war die Einheit von Mensch und Mensch und von Mensch und Natur.

Im völligen Widerspruch zu der häufig geäußerten Klischeevorstellung, daß Marx und andere Sozialisten gelehrt hätten, das Verlangen nach möglichst großem materiellen Gewinn sei der fundamentalste menschliche Trieb, glaubten diese Sozialisten, es liege nur an der Struktur der kapitalistischen Gesellschaft, daß das materielle Interesse das tiefgreifendste Motiv sei, und der Sozialismus würde es möglich machen, daß sich nichtmaterielle Motive durchsetzen, und würde so den Menschen aus seiner Versklavung durch die materiellen Interessen befreien. (Es ist ein trauriger Kommentar zur menschlichen Inkonsequenz, daß die gleichen, die den Sozialismus wegen seines angeblichen Materialismus verdammen, ihm gleichzeitig das Argument vorhalten, daß nur das »Profit-Motiv« den Menschen motivieren könne, sein Bestes zu leisten.)

Das Ziel des Sozialismus war Individualität, nicht Uniformität; es war die Befreiung von wirtschaftlichen Fesseln. Der Sozialismus wollte nicht materielle Ziele zum Hauptzweck des Lebens machen; er wollte die volle Solidarität aller Menschen, und nicht die Manipulation und Beherrschung eines Menschen durch einen anderen. Das Prinzip des Sozialismus lautete, daß jeder Mensch nur sich selbst zum Ziel hat und daß er niemals zum Mittel für einen anderen Menschen werden darf. Der Sozialismus wollte eine Gesellschaft schaffen, in der jeder Bürger aktiv und verantwortlich an allen Entscheidungen teilhat und in der er daran teilhaben kann, weil er ein Mensch und kein Ding ist, weil er Überzeugungen und keine künstlich erzeugten Meinungen hat.

Für den Sozialismus ist nicht nur die Armut, sondern auch der Reichtum ein Verhängnis. Die materielle Armut beraubt den Menschen der Grundlage für ein menschlich reiches Leben. Der materielle Reichtum korrumpiert den Menschen, ebenso wie die Macht. Er zerstört in ihm das Gefühl für das Maß und für die der menschlichen Existenz innewohnenden Grenzen; er erzeugt ein unwirkliches, fast verrücktes Gefühl der »Einzigartigkeit« eines Individuums und gibt ihm das Gefühl, daß er nicht den gleichen Grundbedingungen der Existenz unterworfen ist wie seine Mitmenschen. Der Sozialismus möchte, daß der materielle Wohlstand den echten Zielen des Lebens dient, er lehnt den individuellen Reichtum als eine Gefahr für die Gesellschaft wie auch für den einzelnen ab. Tatsächlich bezieht sich sein Widerstand gegen den Kapitalismus auf eben dieses Prinzip. Logischerweise zielt der Kapitalismus auf einen ständig wachsenden materiellen Reichtum, während der Sozialismus eine ständig wachsende menschliche Produktivität, Lebendigkeit und ein immer größeres menschliches Glück zum Ziel hat und materiellen Komfort nur soweit anstrebt, wie dieser seinen humanen Zielen förderlich ist.

Der Sozialismus hoffte, den Staat schließlich abzuschaffen, so daß nur noch die Dinge und nicht mehr die Menschen verwaltet würden. Er wollte eine klassenlose Gesellschaft, in der Freiheit und Initiative dem einzelnen zurückgegeben würden. Im neunzehnten Jahrhundert und bis zum Beginn des Ersten Weltkriegs war der Sozialismus die bedeutsamste humanistische und geistige Bewegung in Europa und Amerika.

Was ist mit dem Sozialismus geschehen? Er ist dem Geist des Kapitalismus zum Opfer gefallen, an dessen Stelle er treten wollte. Anstatt in ihm eine Bewegung zur Befreiung des Menschen zu sehen, haben viele seiner Anhänger und auch viele seiner Feinde ihn so verstanden, als ob er ausschließlich eine Bewegung zur Verbesserung der *wirtschaftlichen* Lage der Arbeiterklasse sei. Darüber wurden die humanistischen Ziele des Sozialismus vergessen, oder man redete nur davon, während man genau wie innerhalb des Kapitalismus das ganze Gewicht auf die Ziele des wirtschaftlichen Gewinns legte. Genau wie die Ideale der Demokratie ihre geistigen Wurzeln einbüßten, büßte auch die Idee des Sozialismus ihre tiefste Wurzel, den prophetisch-messianischen Glauben an Friede, Gerechtigkeit und die Brüderlichkeit aller Menschen ein.

So wurde der Sozialismus für die Arbeiter zu einem Mittel, sich ihren Platz *innerhalb* der kapitalistischen Struktur zu sichern, anstatt diese zu überwinden. Statt den Kapitalismus zu verändern, wurde der Sozialismus von dessen Geist absorbiert. Die sozialistische Bewegung scheiterte endgültig, als ihre Führer 1914 auf die internationale Solidarität verzichteten und sich für die wirtschaftlichen und militärischen Interessen ihres jeweiligen Landes gegen die Ideen des Internationalismus und des Friedens entschieden, die sie einstmals auf ihr Programm geschrieben hatten.

Sowohl auf dem rechten wie auch auf dem linken Flügel der sozialistischen Bewegung kam es zu einer falschen Ausdeutung des Sozialismus als einer rein ökonomischen Bewegung, deren Hauptziel die Verstaatlichung der Produktionsmittel war. Die reformistischen Führer der sozialistischen Bewegung in Europa sahen ihr Hauptziel darin, den wirtschaftlichen Status der Arbeiter innerhalb des kapitalistischen Systems zu verbessern. Als radikalste Maßnahme galt ihnen die Verstaatlichung bestimmter Großindustrien. Erst in letzter Zeit haben viele erkannt, daß die Verstaatlichung von Unternehmen an und für sich noch nicht die Verwirklichung des Sozialismus bedeutet. Für den Arbeiter ist es kein entscheidender Unterschied, ob er von einer staatlichen oder von einer privaten Bürokratie verwaltet wird.

Die Führer der Kommunistischen Partei in der Sowjetunion haben den Sozialismus ebenfalls rein ökonomisch interpretiert. Da sie aber in einem weniger weit entwickelten Land als Westeuropa lebten und keine demokratische Tradition besaßen, bedienten sie sich des Terrors und der Diktatur, um eine rasche Anhäufung von Kapital zu erzwingen, wie sie im neunzehnten Jahrhundert in Europa zustande gekommen war. Sie entwickelten eine neue Form des Staatskapitalismus, die sich als wirtschaftlich erfolgreich und als menschlich destruktiv erwies. Sie errichteten eine bürokratisch verwaltete Gesellschaft, in welcher der Klassenunterschied sowohl im ökonomischen Sinn als auch in bezug auf die Macht, anderen zu befehlen, noch tiefer und starrer ist als in irgendeiner der heutigen kapitalistischen Gesellschaften. Sie bezeichnen ihr System als sozialistisch, weil sie die gesamte Wirtschaft verstaatlicht haben, während ihr System in Wirklichkeit die völlige Negierung alles dessen ist, wofür der Sozialismus eintritt: Bejahung der Individualität und volle Entwicklung des Menschen. Um die Unterstützung der Massen zu gewinnen, die für diese Anhäufung des Kapitals unerträgliche Opfer hatten bringen müssen, vermischten sie sozialistische mit nationalistischen Ideologien, was zu einer nur zögernden Mitarbeit der von ihnen Beherrschten führte.

Bis jetzt ist das System des freien Unternehmertums dem kommunistischen System überlegen, weil es eine der größten Errungenschaften des modernen Menschen – die politische Freiheit – und mit ihr die Achtung vor der Würde und Individualität des Menschen bewahrt hat, die uns mit der grundlegenden geistigen Tradition des Humanismus verbindet. Es gibt uns die Möglichkeit, unsere Kritik zu äußern und Vorschläge zu konstruktiven gesellschaftlichen Veränderungen zu machen, was im sowjetischen Polizeistaat praktisch unmöglich ist. Wenn die sowjetischen Staaten erst einmal das gleiche wirtschaftliche Entwicklungsniveau wie Westeuropa und die

Vereinigten Staaten erreicht haben werden, das heißt, sobald sie das Verlangen nach einem komfortablen Leben befriedigen können, ist zu erwarten, daß auch sie keinen Terror mehr nötig haben werden, sondern sich der gleichen Mittel der Manipulation bedienen können, wie sie im Westen benutzt werden, nämlich Suggestion und Überredung. Diese Entwicklung wird bewirken, daß der Kapitalismus und der Kommunismus des zwanzigsten Jahrhunderts sich einander annähern. Beide Systeme gründen sich auf die Industrialisierung; ihr Ziel ist eine ständig wachsende wirtschaftliche Effizienz und ständig zunehmender Reichtum. Beides sind Gesellschaften, die von einer Manager-Klasse und von Berufspolitikern gelenkt werden. Sie sind beide durch und durch materialistisch in ihrer Weltanschauung, ganz gleich, ob sie sich zur christlichen Ideologie im Westen oder zum weltlichen Messianismus im Osten bekennen. Sie organisieren die Massen in einem zentralisierten System, in großen Fabriken und in politischen Massenparteien. Wenn sie so weitermachen, wird in beiden Systemen der Massenmensch, der entfremdete Mensch, ein wohlgenährter, gut gekleideter, gut unterhaltener Automaten-Mensch, der von Bürokraten regiert wird, die ebensowenig ein Ziel haben wie der Massenmensch, an die Stelle des schöpferischen, denkenden und fühlenden Menschen treten. *Die Dinge* werden den ersten Platz einnehmen, und der Mensch wird sterben; er wird von Freiheit und Individualität *reden* – aber er wird nicht *sein*.

Wo stehen wir heute? Der Kapitalismus und ein vulgarisierter, entstellter Sozialismus haben den Menschen an einen Punkt gebracht, wo er Gefahr läuft, ein entmenschlichter Automat zu werden; er verliert seine geistige Gesundheit und steht vor der Selbstzerstörung. Nur wenn er sich seiner Lage und ihrer Gefahren voll bewußt wird und eine neue Zukunftsvision eines Lebens entwickelt, in dem die Ziele von menschlicher Freiheit, Würde, Kreativität, Vernunft, Gerechtigkeit und Solidarität verwirklicht werden können, kann uns das vor dem fast sicheren Verfall, dem Verlust aller Freiheit oder der Zerstörung retten. Wir müssen nicht zwischen einem von Managern geführten System des freien Unternehmertums und einem von Managern geführten kommunistischen System wählen. Es gibt auch noch eine dritte Lösung, nämlich die eines demokratischen, humanistischen Sozialismus, der sich auf die ursprünglichen Grundsätze des Sozialismus gründet und den Ausblick auf eine neue, wirklich humane Gesellschaft eröffnet.

Aufgrund der allgemeinen Analyse des Kapitalismus, des Kommunismus und des humanistischen Sozialismus müßte ein sozialistisches Programm nach folgenden drei Gesichtspunkten aufgestellt werden:

Welche *Prinzipien* müssen der Idee einer sozialistischen Partei zugrunde liegen?

An welchen *Teilzielen* zur Verwirklichung eines humanistischen Sozialismus sollten Sozialisten arbeiten?

Welches sind die unmittelbaren *Nahziele*, an denen Sozialisten arbeiten sollten, solange die Teilziele noch nicht erreicht sind?

Welches sind nun die *Prinzipien*, die der Idee eines humanistischen Sozialismus zugrunde liegen?

1. Jedes gesellschaftliche und ökonomische System ist nicht nur ein besonderes System der Beziehungen zwischen *Dingen und Institutionen*, sondern ein *System von menschlichen Beziehungen*. Jede Theorie und Praxis des Sozialismus ist daraufhin zu überprüfen, welche Art von Beziehungen zwischen den Menschen sie herbeiführt.

2. Der höchste Wert in allen gesellschaftlichen und ökonomischen Einrichtungen ist der Mensch. Ziel der Gesellschaft ist es, dem Menschen die Bedingungen für die vollste Entfaltung seiner Möglichkeiten, seiner Vernunft, seiner Liebe und seiner Kreativität zu bieten. Alle gesellschaftlichen Einrichtungen müssen dazu dienen, die Entfremdung und Verkrüppelung des Menschen zu überwinden und ihn in die Lage zu versetzen, zu wirklicher Freiheit und Individualität zu gelangen. Ziel des Sozialismus ist eine Gemeinschaft, in der die volle Entwicklung jedes einzelnen die Voraussetzung für die volle Entwicklung aller ist.

3. Das höchste Prinzip des Sozialismus lautet: der Mensch hat vor den Dingen, das Leben vor dem Besitz und deshalb die Arbeit vor dem Kapital Vorrang; Macht beruht nicht auf Besitz, sondern auf schöpferischer Leistung; der Mensch darf

nicht von den Umständen, sondern die Umstände müssen vom Menschen beherrscht werden.

4. In zwischenmenschlichen Beziehungen muß das Prinzip gelten, daß jeder Mensch Selbstzweck ist und niemals zum Mittel für die Zwecke eines anderen gemacht werden darf. Aus diesem Prinzip ergibt sich, daß niemand einem anderen persönlich untertan sein darf, weil dieser Kapital besitzt.

5. Der humanistische Sozialismus wurzelt in der Überzeugung von der Einheit der Menschheit und der Solidarität aller Menschen. Er bekämpft jede Art der Verherrlichung von Staat, Nation oder Klasse. Er steht auf dem Standpunkt, daß sich der Mensch vor allem der Menschheit und den ethischen Prinzipien des Humanismus gegenüber loyal verhalten soll. Er möchte jene Ideen und Werte neu beleben, auf die sich unsere westliche Kultur gründet.

6. Der humanistische Sozialismus ist ein radikaler Gegner von Krieg und Gewalt jeder Art. Er betrachtet jeden Versuch, politische und gesellschaftliche Probleme gewaltsam zu lösen, nicht nur als aussichtslos, sondern auch als unmoralisch und unmenschlich. Daher ist er kompromißlos gegen jede Art der Aufrüstung gerichtet wie auch gegen jede Politik, welche Sicherheit durch Aufrüstung zu erreichen versucht. Er glaubt, daß Friede nicht nur Nicht-Krieg bedeutet, sondern daß er ein positives Prinzip menschlicher Beziehungen ist, das sich auf die freie Zusammenarbeit aller Menschen zum allgemeinen Wohl gründet.

7. Aus den sozialistischen Grundsätzen ergibt sich, daß sich jedes Mitglied der Gesellschaft nicht nur für seine Mitbürger, sondern für alle Bürger dieser Welt verantwortlich fühlt. Um die Ungerechtigkeit zu beseitigen, daß zwei Drittel der Menschheit verhungern oder umkommen, bedarf es weit größerer Anstrengungen der reichen Völker, als diese bisher unternommen haben, den unterentwickelten Ländern zu einem menschenwürdigen Lebensstandard zu verhelfen.

8. Der humanistische Sozialismus tritt immer für die Freiheit ein: für die Freiheit von Angst, Not, Unterdrückung und Gewalt. Aber Freiheit ist nicht nur *Freiheit von,* sondern auch *Freiheit zu*: Es geht ihm um die Freiheit, aktiv und verantwortlich an allen Entscheidungen, die den Bürger betreffen, teilneh-

men zu können; um die Freiheit, das menschliche Potential eines jeden so gut wie nur irgend möglich zu entwickeln.

9. Produktion und Konsum müssen den Bedürfnissen der menschlichen Entwicklung untergeordnet werden, nicht umgekehrt. Folglich hat sich die gesamte Produktion nach dem Grundsatz des Nutzens für die Gesellschaft zu richten, nicht nach dem Profit, den einzelne oder Unternehmen davon haben. Wenn daher die Wahl zu treffen ist zwischen einer erhöhten Produktion auf der einen Seite und einer größeren Freiheit und besseren menschlichen Wachstumsmöglichkeiten auf der anderen Seite, so hat man sich für den humanen und nicht für den materiellen Wert zu entscheiden.

10. Das Ziel des sozialistischen Industrialismus ist nicht, die höchstmögliche ökonomische, sondern die höchstmögliche menschliche Produktivität zu erreichen. Das bedeutet, daß der Mensch den größten Teil seiner Energie bei seiner Arbeit wie auch in seiner Freizeit auf eine sinnvolle und für ihn interessante Weise einsetzen muß. Seine Beschäftigung muß anregend für ihn sein und ihm helfen, *alle* seine menschlichen Kräfte – seine intellektuellen wie auch seine emotionalen und künstlerischen – zu entfalten.

11. Um ein menschenwürdiges Leben zu führen, müssen zwar zunächst die materiellen Bedürfnisse befriedigt werden, doch darf der Konsum nicht zum Selbstzweck werden. Alle Versuche, die materiellen Bedürfnisse künstlich um des Profits willen anzustacheln, sind zu verhindern. Die Vergeudung materieller Güter und der sinnlose Konsum nur um des Konsums willen schadet der menschlichen Entfaltung.

12. Der humanistische Sozialismus ist ein System, in dem der Mensch das Kapital und nicht das Kapital den Menschen beherrscht; in dem der Mensch seine Lebensumstände und nicht die Lebensumstände den Menschen beherrschen; in dem die einzelnen Mitglieder der Gesellschaft planen, was sie produzieren wollen, anstatt daß die Produktion sich nach den Gesetzen der unpersönlichen Mächte des Marktes und des Kapitals mit dem ihnen eigenen Bedürfnis nach maximalem Profit richten.

13. Der humanistische Sozialismus verlangt die Erweiterung des demokratischen Prozesses über den rein politischen Bereich hinaus auf den wirtschaftlichen Bereich; er ist politische *und*

industrielle Demokratie; er ist Wiederherstellung der politischen Demokratie in ihrer ursprünglichen Bedeutung: echte Beteiligung gut informierter und verantwortungsbewußter Bürger an allen sie betreffenden Entscheidungen.

14. Eine Ausdehnung der Demokratie auf den ökonomischen Bereich bedeutet demokratische Kontrolle über alle wirtschaftlichen Aktivitäten durch die daran Beteiligten (Arbeiter, Ingenieure, Verwaltungsangestellte usw.). Dem humanistischen Sozialismus geht es nicht primär um die juristischen Besitzverhältnisse, sondern um gesellschaftliche Kontrolle der großen und mächtigen Industrien. Die Kontrolle durch ein bürokratisches Management, das selbst keine Verantwortung trägt, sondern das Profitinteresse des Kapitals repräsentiert, muß ersetzt werden durch eine Verwaltung, die im Auftrag derjenigen wirkt, die produzieren und konsumieren und auch von diesen kontrolliert wird.

15. Das Ziel des humanistischen Sozialismus kann nur erreicht werden, wenn eine größtmögliche Dezentralisierung vorgenommen wird, die sich gerade noch mit jenem Minimum an Zentralisierung vereinbaren läßt, das für das Funktionieren einer Industriegesellschaft notwendig ist. Die Funktionen des zentralisierten Staates müssen auf ein Minimum reduziert werden; der zentrale Mechanismus des Gesellschaftslebens muß die freiwillige Tätigkeit aktiv zusammenarbeitender Bürger sein.

16. Wenn auch die grundlegenden *allgemeinen* Ziele des humanistischen Sozialismus für alle Länder dieselben sind, muß dennoch jedes Land seine *besonderen* Ziele unter Berücksichtigung seiner eigenen Tradition und gegenwärtigen Situation formulieren und eigene Methoden zur Erreichung dieser Ziele entwickeln. Die gegenseitige Solidarität der sozialistischen Länder muß jeden Versuch eines Landes, seine Wege einem anderen aufzwingen zu wollen, ausschließen. Aus dem gleichen Geist heraus gilt der Grundsatz, daß die Schriften der Väter der sozialistischen Idee nicht zu Heiligen Schriften gemacht werden dürfen, um mit ihnen über andere Autorität auszuüben. Ihr Geist muß in den Herzen der Sozialisten lebendig bleiben und ihr Denken leiten.

17. Der humanistische Sozialismus ist das unter Freiheit zustande gekommene, logische Ergebnis der Verwirklichung der

menschlichen Natur unter vernünftigen Bedingungen. Er ist die Verwirklichung der Demokratie, die in der humanistischen Tradition der Menschheit wurzelt, unter den Bedingungen einer industriellen Gesellschaft. Er ist ein Gesellschaftssystem, das ohne Gewalt arbeitet; ohne physische Gewalt, aber auch ohne die Macht hypnoider Suggestionen, mit denen Menschen zu etwas gezwungen werden, ohne es zu wissen. Der humanistische Sozialismus läßt sich nur durch den Appell an die menschliche Vernunft und an die Sehnsucht nach einem menschlicheren, sinnvolleren und reicheren Leben verwirklichen. Er gründet sich auf den Glauben an die Fähigkeit des Menschen, eine wahrhaft humane Welt aufzubauen, in der der Reichtum des Lebens und die Entfaltung des einzelnen die höchsten Ziele der Gesellschaft sind und in der die Wirtschaft auf die ihr zukommende Rolle als Mittel zu einem erfüllteren menschlichen Leben reduziert wird.

Bei den *Zielen des humanistischen Sozialismus* müssen wir zwischen dem sozialistischen *Endziel* einer Gesellschaft, die sich auf die freie Zusammenarbeit ihrer Bürger und auf ein Minimum an Machtbefugnissen des zentralisierten Staates gründet, unterscheiden und den sozialistischen *Teilzielen* vor der Erreichung des Endzieles. Der Übergang vom gegenwärtigen zentralisierten Staat zu einer völlig dezentralisierten Form der Gesellschaft ist nicht ohne eine lange Übergangsperiode zu erreichen, in der die zentrale Planung und das Eingreifen des Staates unerläßlich ist. Um aber die Gefahren zentraler Planung und staatlicher Eingriffe – wie Bürokratisierung und Schwächung der individuellen Integrität und Initiative – zu vermeiden, ist es notwendig, daß a) der Staat wirksam von seinen Bürgern kontrolliert wird; b) die gesellschaftliche und politische Macht der Großunternehmen gebrochen wird; c) von Anfang an alle Möglichkeiten dezentralisierter, freiwilliger Zusammenschlüsse im Bereich von Produktion und Handel sowie lokaler kultureller und gesellschaftlicher Aktivitäten ausgeschöpft werden.

Es ist zwar heute noch nicht möglich, konkrete und ins einzelne gehende Pläne für die Endziele aufzustellen, doch besteht die Möglichkeit, die *Teilziele einer sozialistischen Gesellschaft* versuchsweise zu formulieren. Aber selbst hierfür werden jahrelange Untersuchungen und Experimente nötig sein, um zu definitiveren und spezifischeren Formulierungen zu gelangen – Untersuchungen, mit denen sich die besten Köpfe und reifsten Menschen der Nation befassen müssen:

1. Entsprechend dem Grundsatz, daß die Kontrolle durch die Gesellschaft und nicht die Frage, wer der juristische Eigentümer ist, als Grundprinzip des Sozialismus angesehen wird, ist das erste Ziel des humanistischen Sozialismus die Umwandlung aller Großunternehmen in der Weise, daß ihre Verwaltungsorgane ernannt werden und der vollen Kontrolle aller Beteiligten (Arbeiter, Büroangestellte, Techniker, Verwaltungsbeamte usw.) unterstehen, und zwar in Zusammenarbeit mit den Gewerkschaften und den Verbraucherverbänden. Diese Gruppen stellen in jedem Großunternehmen die höchste Instanz dar. Sie entscheiden alle grundlegenden Fragen bezüglich der Produktion, der Preise, der Verwendung der Gewinne usw. Die Aktionäre erhalten eine angemessene Entschädigung für den Einsatz ihres Kapitals, aber sie haben kein Recht auf Kontrolle und Verwaltung.

2. Die Autonomie eines Unternehmens wird durch die zentrale Planung soweit eingeschränkt, als sich die Produktion an den Bedürfnissen der Gesellschaft zu orientieren hat.

3. Kleine Unternehmen sollten auf kooperativer Basis arbeiten, und man sollte sie durch Steuerbegünstigung und andere Vorteile anspornen. Falls sie nicht auf einer kooperativen Basis arbeiten, müssen die Arbeitnehmer am Gewinn beteiligt werden und die Betriebsleitung gleichberechtigt mit dem Eigentümer kontrollieren.

4. Bestimmte Industrien, die für die gesamte Gesellschaft von grundlegender Bedeutung sind, etwa die Ölindustrie, das Bankwesen, Rundfunk und Fernsehen, die medizinische Versorgung, das Transportwesen, sind zu verstaatlichen, doch sollte die Verwaltung dieser verstaatlichten Industrien ebenfalls durch die dort Beschäftigten sowie durch die Gewerkschaften und Verbraucherverbände kontrolliert werden.

5. Auf allen Gebieten, auf denen soziale Bedürfnisse vorhanden sind, die noch nicht durch eine entsprechende Produktion befriedigt werden können, sollte die Gesellschaft Unternehmen finanzieren, die diesen Bedürfnissen dienen.

6. Es ist dafür zu sorgen, daß der einzelne vor der Angst geschützt wird, sich unterwerfen zu müssen. Um dieses Ziel zu erreichen, muß die Gesellschaft dafür sorgen, daß ein Existenzminimum an Nahrungsmitteln, Unterkunft und Bekleidung für jedermann kostenlos zur Verfügung steht. Stellt jemand höhere Ansprüche an materiellen Komfort, so muß er dafür arbeiten. Das Existenzminimum ist jedoch zu garantieren, und niemand darf auf einen anderen einen direkten oder indirekten materiellen Zwang ausüben.

7. Der humanistische Sozialismus schafft den eigenen Besitz von Gebrauchsgütern nicht ab, noch fordert er eine völlige Nivellierung der Einkommen; dieses sollte vielmehr der jeweiligen Arbeitsleistung und dem Können entsprechen, doch sollten die Unterschiede im Verdienst nicht so groß sein, um so unterschiedliche Formen in der materiellen Lebensweise hervorzurufen, daß die Lebenserfahrungen sich so voneinander unterscheiden, daß die Menschen einander fremd bleiben.

8. Das Prinzip der politischen Demokratie muß den Verhältnissen des zwanzigsten Jahrhunderts angepaßt werden. Durch unsere technischen Kommunikationsmöglichkeiten und die Computertechnik besteht die Möglichkeit, das Prinzip der Bürgerversammlungen in unserer heutigen Massengesellschaft wieder einzuführen. In welcher Form das geschehen kann, bedarf noch gründlicher Untersuchungen und Experimente. Hunderttausende von kleinen Gruppen, die sich durch ihren gemeinsamen Arbeitsplatz oder durch ihren gemeinsamen Wohnsitz persönlich kennen, könnten eine neue Art von »Unterhaus« bilden, das die Entscheidungen gemeinschaftlich mit einem zentral gewählten Parlament trifft. Im Zuge der Dezentralisierung sollte man sich bemühen, wichtige Entscheidungen in die Hände der Bewohner kleiner Wohnbezirke zu legen, sich dabei jedoch von den Grundprinzipien leiten lassen, die das Leben der Gesamtgesellschaft beherrschen. Aber welche Formen man auch immer dafür finden wird, grundsätzlich sollte der demokratische Prozeß so geändert werden, daß gut informierte, verantwortungsbewußte Bürger zu Wort kommen und nicht automatisierte Massenmenschen, die mit den Methoden hypnoider Massensuggestion unter Kontrolle gehalten werden.

9. Nicht nur im Bereich der politischen Entscheidungen, son-

dern bei sämtlichen Entscheidungen und Übereinkünften müssen wir uns aus der Umklammerung durch die Bürokratie befreien, um unsere Freiheit wiederzuerlangen. Neben den Entscheidungen, die von oben kommen, sollte die Aktivität in allen Lebensbereichen von der Basis her entwickelt werden und sich von unten nach oben auswirken. In Gewerkschaften organisierte Arbeiter, in Verbraucherorganisationen zusammengeschlossene Verbraucher und die in den oben erwähnten kleinen politischen Gruppen organisierten Bürger, die sich persönlich kennen, müssen mit den zentralen Behörden in ständigem Austausch stehen. Dieser Austausch muß so erfolgen, daß neue Maßnahmen, Gesetze, Vorkehrungen usw. vorgeschlagen und nach Abstimmung von der Basis entschieden werden, wobei sämtliche gewählten Repräsentanten einer ständigen kritischen Beurteilung unterzogen und – falls nötig – auch abberufen werden.

10. Seinen grundlegenden Prinzipien entsprechend ist es das Ziel des Sozialismus, die nationale Souveränität und jede Art von Streitkräften abzuschaffen und ein Commonwealth der Nationen zu errichten.

11. Auf dem Gebiet der Erziehung geht es in erster Linie darum, die kritischen Fähigkeiten des Menschen entwickeln zu helfen und eine Basis für den kreativen Ausdruck seiner Persönlichkeit zu schaffen. Das Ziel ist der freie Mensch, der gegenüber Manipulation und Ausnutzung seiner Beeinflußbarkeit zum Vergnügen und Nutzen anderer immun ist. Das Wissen sollte nicht aus einer Unmenge von Informationen bestehen. Mit seinem Verstand sollte man vielmehr jene Kräfte begreifen, welche die materiellen und menschlichen Prozesse bestimmen. Erziehung sollte intellektuelle und künstlerische Bildung umfassen. So wie der Kapitalismus Entfremdung hervorgebracht hat, trennte und entwurzelte er sowohl wissenschaftliche Erkenntnis als auch ästhetische Wahrnehmung. Eine sozialistische Erziehung hat die Wiederherstellung einer freien und umfassenden Verwirklichung beider zum Ziel. Sie will den Menschen nicht zum intelligenten Zuschauer machen, sondern dazu befähigen, daß der Mensch an der materiellen Produktion und darüber hinaus an der Lebensfreude aktiv teilhaben kann. Um den Gefahren eines entfremdeten Intellektualismus zu begegnen, sollte der theoretische Unterricht im primären und im sekundä-

ren Bildungswesen durch handwerklichen Unterricht ergänzt werden. Jeder Heranwachsende muß das Erlebnis gehabt haben, mit seinen eigenen Händen und aufgrund seiner eigenen Geschicklichkeit etwas Wertvolles anfertigen zu können.

12. Das Prinzip der irrationalen, auf Macht und Ausbeutung beruhenden Autorität soll nicht durch eine Haltung des *Laissez-faire* ersetzt werden, sondern durch eine Autorität, die sich auf kompetentes Wissen und Können gründet und die nicht auf Einschüchterung, Macht oder Suggestion beruht. Die sozialistische Erziehung muß zu einer neuen Vorstellung von rationaler Autorität gelangen, die im Gegensatz steht zum irrationalen Autoritarismus und zu einer prinzipienlosen Einstellung des *Laissez-faire*.

13. Bildung darf sich nicht auf Kindheit und Jugend beschränken; vielmehr müssen die bereits bestehenden Formen der Erwachsenenbildung stark erweitert werden. Besonders wichtig ist, daß einem jeden die Möglichkeit gegeben wird, seine Beschäftigung oder seinen Beruf jederzeit in seinem Leben zu wechseln; dies wird wirtschaftlich möglich, sobald die Gesellschaft wenigstens für seine minimalen materiellen Bedürfnisse aufkommt.

14. Die kulturelle Arbeit darf sich nicht darauf beschränken, für eine intellektuelle Erziehung zu sorgen. Alle künstlerischen Ausdrucksformen (Musik, Tanz, Drama, Malerei, Bildhauerei, Architektur usw.) sind für die Entwicklung des Menschen von hoher Bedeutung. Die Gesellschaft muß beträchtliche Mittel für ein ausgedehntes Programm zur künstlerischen Betätigung und für ebenso brauchbare wie ästhetisch befriedigende Bauprogramme bereitstellen, und dies selbst auf Kosten der Befriedigung anderer, weniger wichtiger Konsumbedürfnisse. Man sollte sehr darauf achten, die Integrität des kreativen Künstlers zu wahren und es vermeiden, gesellschaftsbezogene Kunst in bürokratische Staatskunst umzuwandeln. Zwischen den legitimen Ansprüchen des Künstlers gegenüber der Gesellschaft und ihren Ansprüchen gegenüber dem Künstler sollte ein ausgewogenes Verhältnis bestehen. Der Sozialismus will die Kluft zwischen Produzent und Rezipient im Bereich der Kunst überbrücken und zielt letztlich auf eine Aufhebung dieser Trennung, indem er optimale Bedingungen für die kreative Entfal-

tung eines jeden schafft. Er hat allerdings kein fertiges Konzept, weil hier ein Problem vorliegt, dem weit mehr Aufmerksamkeit als bisher gewidmet werden müßte.

15. Die völlige Gleichberechtigung der Rassen und der Geschlechter ist für eine sozialistische Gesellschaft eine Selbstverständlichkeit. Diese Gleichberechtigung besagt jedoch nicht, daß alle Menschen gleichartig sind, und man sollte daher keine Mühe scheuen, um einer jeden Rassen- und Volksgruppe die volle Entwicklung ihrer jeweiligen besonderen Gaben und Talente zu ermöglichen, ebenso beiden Geschlechtern.

16. Freie Religionsausübung muß gewährleistet sein bei einer völligen Trennung von Kirche und Staat.

Das folgende *Programm* soll als Führer zu den Prinzipien und Zielen des Sozialismus dienen. Seine konkrete und detaillierte Fassung erfordert noch ein großes Maß an Diskussion. Sie zu leiten und zu konkreten und bis ins einzelne gehenden Vorschlägen zu gelangen, ist eine der Hauptaufgaben der Sozialistischen Partei. Für eine solche Diskussion müssen alle Ergebnisse praktischer Erfahrung und der Sozialwissenschaft in Betracht gezogen werden. Aber zunächst einmal sind Phantasie und Mut nötig, neue Möglichkeiten zu sehen statt in eingefahrenen Bahnen zu denken.

Davon einmal abgesehen, wird es recht lange dauern, bis die Mehrheit der amerikanischen Bevölkerung von dem Wert der sozialistischen Prinzipien und Ziele überzeugt sein wird. Welche *Aufgabe und Funktion* hat also *die Sozialistische Partei* in der Zeit bis zu ihrem Erfolg?

1. Die Socialist Party-Social Democratic Federation (SP-SDF) muß in ihrer Struktur und in ihren Aktivitäten genau die Prinzipien verkörpern, für die sie kämpft; sie darf nicht nur auf einen zukünftigen Sozialismus hinarbeiten, sondern muß schon jetzt mit seiner Verwirklichung in ihrer eigenen Mitte beginnen. Deshalb darf die SP-SDF nicht versuchen, die Menschen durch Appell an irrationale Gefühle, hypnotisierende Versprechungen, »attraktive Persönlichkeiten« etc. von ihrem Programm zu überzeugen, sondern durch Realismus, Korrektheit und Tiefe ihrer Analyse der sozialen, politischen und menschlichen Situation. Die SP-SDF muß zum moralischen und intel-

lektuellen Gewissen der Vereinigten Staaten werden und ihre Analysen und Beurteilungen so weit wie möglich verbreiten.

2. Die Ausrichtung der Aktivitäten der SP-SDF muß sich nach den Prinzipien der optimalen Dezentralisierung und der aktiven, verantwortungsbewußten Teilnahme ihrer Mitglieder an Diskussionen und Entscheidungen richten. Sie muß zudem der Äußerung und Verbreitung von Minderheitsmeinungen großen Raum bieten. Das sozialistische Programm kann kein fertiger Plan sein, sondern muß wachsen und sich durch kontinuierliche Aktivität, Anstrengung und Interesse aller Parteimitglieder entwickeln.

3. Die SP-SDF muß sich von anderen politischen Parteien nicht nur durch Programm und Ideale unterscheiden, sondern darüber hinaus in ihrer Struktur und Arbeitsweise. Sie muß zur geistigen und sozialen Heimat für alle Mitglieder werden, denen humanistischer Realismus und Urteilsfähigkeit gemeinsam sind, in der Solidarität des gemeinsamen Interesses und im Glauben an den Menschen und seine Zukunft.

4. Die SP-SDF muß ein breit gestreutes Erziehungsprogramm in Gang setzen bei Arbeitern, Studenten, Fachleuten und Angehörigen aller sozialen Schichten, von denen ein mögliches Verständnis für sozialistische Kritik und Ziele erwartet werden kann.

5. Die SP-SDF kann einen Erfolg nicht in kurzer Zeit erwarten. Jedoch soll dies nicht heißen, daß sie nicht nach größtmöglichem gesellschaftlichen Einfluß streben soll. Sie muß sich bemühen, die Unterstützung einer ständig wachsenden Zahl von Menschen zu gewinnen, die – durch die Partei – ihre Stimmen in den Vereinigten Staaten und der ganzen Welt hören lassen.

6. Die SP-SDF wurzelt in der humanistischen Tradition des Sozialismus; sie setzt sich für eine Umformulierung der traditionellen sozialistischen Ziele gemäß den Bedingungen einer Gesellschaft im zwanzigsten Jahrhundert als der Grundlage ihrer Verwirklichung ein. Sie weist den Gedanken, ihre Ziele durch Gewalt oder Errichtung einer Diktatur zu erreichen, zurück. Ihre einzigen Waffen sind der Realismus ihrer Ideen, die Tatsache, daß sie wahre Bedürfnisse des Menschen ansprechen und die begeisterte Unterstützung all der Bürger, die die Fiktionen und Täuschungen durchschauen, die heute die Köpfe

der Menschen füllen und die an ein reicheres, erfüllteres Leben glauben.

7. Es genügt nicht, wenn die Mitglieder der SP-SDF an ein gemeinsames Ideal glauben. Ein solcher Glaube wird leer und unfruchtbar, wenn er nicht in die Tat umgesetzt wird. Das Leben in der Partei muß so organisiert sein, daß es jedem Mitglied viele unterschiedliche Möglichkeiten bietet, sein Interesse in sinnvoller und spontaner Tätigkeit auszudrücken. Wie kann dies erreicht werden?

– Es muß eindeutig klar sein, daß die grundlegenden Ziele des Sozialismus – die Verwaltung großer Unternehmen durch die Werktätigen, ihre Gewerkschaft und die Vertreter der Verbraucher, die Wiederbelebung des demokratischen Prozesses, die Garantie des Existenzminimums für jeden Bürger – im einzelnen Probleme aufwerfen, die extrem schwierig zu bewältigen sind. Ihre Lösung erfordert grundlegende theoretische Untersuchungen im Bereich der Ökonomie, der Arbeitspsychologie etc., sowie praktischer Pläne und Experimente. Wenn diese gesellschaftlichen Probleme – ähnlich wie es bei Naturwissenschaftlern und Technikern beobachtet werden kann – mit geistiger Festigkeit und Phantasie angegangen werden, können Lösungen gefunden werden, die heute so phantastisch anmuten mögen, wie vor zwanzig Jahren die Weltraumfahrt. Die Schwierigkeiten, eine Lösung für eine arbeitsfähige und menschliche gesellschaftliche Organisation zu schaffen, sind nicht wesentlich größer als im Bereich theoretischer und angewandter Naturwissenschaft.
– Deshalb muß die erste Aufgabe für die Mitglieder der SP-SDF darin bestehen, die Probleme der Anwendung des Sozialismus in ihrem eigenen Tätigkeitsbereich zu untersuchen und ihre Erfahrungen und Vorschläge für sozialistische Lösungen in den Arbeitsgruppen der SP-SDF zu diskutieren. Zur Unterstützung der Gruppenaktivitäten sind ständige Ausschüsse zur Erforschung dieser Probleme einzurichten. Diese Ausschüsse werden aus Spezialisten in den Gebieten Ökonomie, Soziologie, Psychologie, Außenpolitik etc. zusammengesetzt sein. Ausschüsse und Arbeitsgruppen sollen in engem Kontakt stehen, ihre Gedanken und Erfahrungen austauschen und so einander anregen.

- Jedoch dürfen die Aktivitäten der Mitglieder der SP-SDF nicht auf kreatives Denken und Entwerfen beschränkt sein. Darüber hinaus bedarf es spontaner konkreter Aktion. Es ist wichtig, daß jedes Mitglied seine sozialistische Lebensweise an dem Arbeitsplatz deutlich macht, an dem es sich befindet: in Fabriken, Büros, Schulen, Laboratorien, Krankenhäusern etc. Jedes Mitglied muß den sozialistischen Weg der Problembearbeitung in seinem eigenen Umgang damit veranschaulichen und andere ermutigen. Es ist besonders wichtig, daß diejenigen Mitglieder der SP-SDF, die gleichzeitig einer Gewerkschaft angehören, gezielt auf eine stärkere Mitgliederaktivität und Teilnahme am Leben der Gewerkschaften hinarbeiten. Innerhalb und außerhalb der Gewerkschaften werden die Mitglieder der SP-SDF alle Tendenzen hinsichtlich Dezentralisierung und engagierter Basisarbeit unterstützen und alle Formen von Bürokratismus bekämpfen.
- Die SP-SDF will Männer und Frauen ansprechen, die sich ernsthaft mit dem Problem der Humanisierung der Gesellschaft beschäftigen, aus dieser Betroffenheit heraus dafür arbeiten wollen und zu finanziellen und zeitlichen Opfern, die die Arbeit erfordert, bereit sind.

8. Obwohl der Schwerpunkt der SP-SDF auf den grundsätzlichen Zielen liegt, wird sie aktiv alle *kurzfristigen politischen Ziele*, die für eine fortschrittliche Entwicklung unserer Gesellschaft wichtig sind, unterstützen. Sie wird mit allen politischen Gruppierungen und Individuen zusammenarbeiten, die ehrlich für dieselben Ziele kämpfen. Unter diesen Zielen sind besonders zu nennen:

- Eine vernünftige Außenpolitik, die auf einer realistischen Einschätzung der Gegebenheiten des politischen Lebens basiert, eine Politik, die nach einem vernünftigen Kompromiß sucht und dabei in Betracht zieht, daß Krieg nur vermieden werden kann, wenn beide Machtblöcke ihre bestehenden politischen und ökonomischen Positionen akzeptieren und auf einen gewaltsamen Versuch, sie zu ändern, verzichten.
- Widerstand gegen den Gedanken, daß unsere Sicherheit durch Aufrüstung erreicht werden kann. Der einzige Weg, die völlige Zerstörung zu vermeiden, ist der der Abrüstung. Dies beinhaltet, daß Abrüstungsverhandlungen nicht nur da-

zu benutzt werden, reale Abrüstung zu verhindern, sondern daß wir bereit sein müssen, Risiken in der Verhandlung auf uns zu nehmen.

- Ein wirtschaftliches Hilfsprogramm für unterentwickelte Länder in einem weit größeren als dem gegenwärtigen Ausmaß und auf der Grundlage beträchtlicher Opfer von seiten unserer Bürger bei der Durchführung dieses Programms. Wir befürworten eine Politik, die nicht den Interessen amerikanischer Kapitalinvestitionen im Ausland dient und die amerikanische Außenpolitik von indirekter Beeinträchtigung der Unabhängigkeit kleinerer Nationen fernhält.
- Stärkung der Vereinten Nationen und aller Bemühungen, ihre Hilfe bei der Lösung internationaler Konflikte und bezüglich großer Unterstützungsprogramme in Anspruch zu nehmen.
- Unterstützung aller Maßnahmen, den Lebensstandard desjenigen Teils unserer Bevölkerung zu heben, der immer noch unter dem materiellen Niveau der Mehrheit lebt. Dies bezieht sich sowohl auf Armut, die durch ökonomische, als auch auf solche, die durch regionale Faktoren bedingt ist, und auf das Rassenproblem.
- Unterstützung aller Bemühungen um Dezentralisierung und Basisaktivitäten. Dies meint auch Bestärkung aller Versuche, unverantwortliche Macht in Gruppen, in der Regierungs- und Gewerkschaftsbürokratie abzubauen.
- Förderung aller Maßnahmen hinsichtlich sozialer Sicherheit, die zur schnellen Erleichterung von Härtefallsituationen durch Arbeitslosigkeit, Krankheit oder Alter führen. Unterstützung aller Veränderungen in Richtung auf eine sozialisierte medizinische Versorgung, wobei freie Arztwahl und ein hohes Niveau der medizinischen Versorgung aufrechterhalten werden müssen.
- Ökonomische Maßnahmen, die auf eine volle Ausnutzung unserer landwirtschaftlichen Kapazitäten und unseres Überschusses zielen – national und international gesehen.
- Gründung einer Wirtschaftskommission, die aus Vertretern von Industrie, Handel, Gewerkschaften, Ökonomen und Delegierten der Verbraucher besteht. Die Aufgabe dieser Kommission soll darin bestehen, regelmäßig die Erfordernis-

se unserer Wirtschaft zu untersuchen und umfassende Pläne für Veränderungen im Interesse des Volkes zu entwerfen. Ihre drängendste Aufgabe liegt in Diskussion und Vorschlag von Plänen zum Übergang von einer Rüstungs- zu einer Friedensproduktion. Die Berichte dieser Kommission – Minderheitsvoten eingeschlossen – sollen veröffentlicht und weit verbreitet werden. Ähnliche Kommissionen sollen im Bereich der Außenpolitik, Kultur und Erziehung ins Leben gerufen werden. Die Mitglieder dieser Kommissionen müssen große Teile der Bevölkerung repräsentieren und darüber hinaus Menschen sein, deren Wissen und Integrität allgemein anerkannt sind.

- Umfangreiche staatliche Ausgaben für Wohnungs-, Straßen- und Krankenhausbau und auf dem Gebiet der Kultur (Musik, Theater, Tanz, Kunst).
- Angesichts des Reichtums der Vereinigten Staaten können wir mit gesellschaftlichen Experimenten beginnen. Es müssen staatseigene Unternehmen gegründet werden, in denen verschiedene Formen der Mitbestimmung aller Werktätigen bei der Unternehmensleitung ausprobiert werden.
- In Industriezweigen von grundlegender gesellschaftlicher Bedeutung muß der Staat Modellunternehmen einrichten, die mit der Privatindustrie konkurrieren und sie auf diese Weise zwingen, ihr Niveau zu erhöhen. Dies muß zunächst im Bereich Radio, Fernsehen, Kino geschehen, in anderen Bereichen bei Bedarf.
- Es muß mit der Umsetzung eines Programms für die Mitarbeit der Werktätigen in der Leitung großer Konzerne begonnen werden. 25 Prozent der Stimmen aller Entscheidungsgremien sollten auf Arbeiter und Angestellte entfallen, die in jedem Unternehmen frei gewählt werden.
- Der Einfluß der Gewerkschaften muß verstärkt werden, nicht nur im Hinblick auf das Lohnproblem, sondern auch bezüglich der Probleme der Arbeitsbedingungen etc. Gleichzeitig muß der Demokratisierungsprozeß in den Gewerkschaften mit aller Kraft vorangetrieben werden.
- Alle Bemühungen zur Eindämmung hypnotisierender Suggestion in kommerzieller und politischer Propaganda müssen unterstützt werden.

Wir sind uns bewußt, daß dieses Programm hauptsächlich für Industriestaaten wie in Nordamerika und Europa gilt. Für alle anderen Länder muß es sich den jeweiligen Bedingungen anpassen. Dennoch sind die grundlegenden Prinzipien dieses Programms – Produktion für den gesellschaftlichen Bedarf, Durchsetzung eines effektiven Demokratisierungsprozesses in der Industrie sowie in der Politik – für alle Länder gültig.

Wir appellieren an jeden einzelnen Bürger, sich der Verantwortung für sein eigenes Leben wie für das seiner Kinder und der ganzen Menschheit bewußt zu werden. Der Mensch steht vor der größten Entscheidung, die er je zu treffen hatte: entweder seine Fähigkeiten und seinen Verstand dazu zu benutzen, eine neue Welt zu schaffen, die zwar kein Paradies sein wird, aber doch ein Ort für die volle Entfaltung aller im Menschen angelegten Möglichkeiten, eine Welt der Freude und Kreativität – oder aber eine Welt, die sich entweder mit Atombomben oder durch ihre Langeweile und Leere selbst zerstören wird. Das sozialistische unterscheidet sich von anderen Parteiprogrammen durch seine Vision, durch das Ideal einer besseren und menschlicheren Gesellschaft als der gegenwärtigen.

Der Sozialismus will nicht nur die Mängel des Kapitalismus beheben, sondern etwas verwirklichen, was es noch nicht gibt. Er hat ein Ziel, das die empirisch gegebene gesellschaftliche Realität transzendiert, jedoch auf realen Möglichkeiten beruht. Sozialisten sagen: Dies hier wollen wir, dafür kampfen wir – nicht weil es die absolute und endgültige Form des Lebens ist, aber weil es eine bessere und menschlichere Lebensform ist. Wir wollen die Verwirklichung der Ideale des Humanismus, von denen die größten Errungenschaften der westlichen und östlichen Kultur inspiriert wurden.

Viele werden sagen, die Menschen wollten gar keine Ideale, sie wollten gar nicht über den Lebenskreis, in dem sie sich befinden, hinauskommen. Wir Sozialisten sagen, daß das nicht stimmt. Ganz im Gegenteil haben die Menschen ein tiefes Verlangen nach etwas, wofür sie arbeiten, an das sie glauben können. Die gesamte Vitalität des Menschen hängt davon ab, daß er über seine routinemäßige Lebensweise hinauskommt, daß er einer Vision nachstrebt, deren Verwirklichung nicht unmöglich ist, auch wenn sie bisher noch nicht erreicht wurde.

Wenn man dem Menschen keine Chance gibt, für eine vernünftige, humanistische Vision zu kämpfen, wird er schließlich – von der Langeweile seines Lebens verbraucht und niedergedrückt – den irrationalen, teuflischen Visionen von Diktatoren und Demagogen zum Opfer fallen. Die Schwäche unserer heutigen Gesellschaft liegt eben darin, daß sie keine Ideale mehr zu bieten hat, daß sie keinen Glauben verlangt, daß sie keine Vision mehr kennt – außer der des Mehr-Haben-Wollens. Wir Sozialisten schämen uns nicht, uns zu einem tiefen Glauben an den Menschen und zur Vision einer neuen, humanen Gesellschaft zu bekennen. Wir appellieren an den Glauben, die Hoffnung und die Phantasie unserer Mitbürger, sich uns bei dem Versuch anzuschließen, diese Vision zu verwirklichen. Der Sozialismus ist nicht nur ein sozio-ökonomisches und politisches Programm; er ist ein humanes Programm, *dem es um die Verwirklichung der Ideale des Humanismus unter den Bedingungen einer Industriegesellschaft geht.*

Sozialismus muß radikal sein. Radikalsein heißt an die Wurzel gehen; und die Wurzel ist der Mensch. Heute sitzen die Dinge im Sattel und reiten den Menschen. Der Sozialismus möchte den Menschen, den ganzen, schöpferischen, wirklichen Menschen wieder in den Sattel heben.

Psychologische Aspekte zur Frage eines garantierten Einkommens für alle

Dieser Beitrag befaßt sich ausschließlich mit den *psychologischen* Aspekten eines garantierten Einkommens, mit dessen Wert, seinen Risiken und mit den menschlichen Problemen, die dabei entstehen können. Für ein garantiertes Einkommen für alle spricht in erster Linie, daß die Freiheit des einzelnen auf diese Weise entschieden erweitert werden könnte. (Vgl. hierzu auch meine Ausführungen zu einem garantierten Existenzminimum in ›The Sane Society‹, 1955 a, GA IV, S. 234–236.) Bisher war der Mensch während seiner gesamten Geschichte durch zwei Faktoren in seiner Handlungsfreiheit eingeschränkt: durch die Anwendung von Gewalt von seiten der Herrschenden (besonders dadurch, daß diese in der Lage waren, Abweichler umzubringen) und – was noch wesentlicher war – dadurch, daß alle vom Hungertod bedroht waren, die nicht bereit waren, die ihnen auferlegten Bedingungen in bezug auf ihre Arbeit und soziale Existenz zu akzeptieren.

Jeder, der nicht bereit war, diese Bedingungen anzunehmen, sah sich der Gefahr, verhungern zu müssen, ausgesetzt, und zwar sogar dann, wenn keine anderen Gewaltmaßnahmen gegen ihn angewandt wurden. Das während des größten Teils der vergangenen und der gegenwärtigen Menschheitsgeschichte vorherrschende Prinzip lautet (im Kapitalismus genau wie in der Sowjetunion): »Wer nicht arbeiten will, soll auch nicht essen.« Diese Drohung zwang den Menschen, nicht nur so zu *handeln*, wie von ihm verlangt wurde, sondern auch so zu denken und zu fühlen, daß er nicht einmal in Versuchung geriet, sich anders zu verhalten.

Daß die Geschichte auf dem Prinzip der Angst beruht, verhungern zu müssen, hat seine Ursache letzten Endes darin, daß der Mensch – von bestimmten primitiven Gesellschaften abgesehen – auf einem wirtschaftlich wie psychologisch niedrigen Existenzniveau lebte. Es waren niemals ausreichend materielle Güter vorhanden, mit denen man die Bedürfnisse aller hätte befriedigen können. Gewöhnlich war es so, daß eine kleine Führungsschicht alles an sich nahm, was ihr Herz begehrte, und daß man den vielen, die sich nicht an einen gedeckten Tisch setzen konnten, sagte, es sei Gottes Wille oder das Gesetz der Natur. Hierzu ist allerdings zu bemerken, daß das Ausschlaggebende dabei nicht die Habgier der »Regierenden«, sondern das niedrige Niveau der materiellen Produktivität war.

Ein garantiertes Einkommen, das im Zeitalter des wirtschaftlichen Überflusses möglich wird, könnte zum erstenmal den Menschen von der Drohung des Hungertods befreien und ihn auf diese Weise von wirtschaftlicher Bedrohung wahrhaft frei und unabhängig machen. Niemand müßte sich mehr nur deshalb auf bestimmte Arbeitsbedingungen einlassen, weil er sonst befürchten müßte, er würde verhungern. Begabte oder ehrgeizige Männer und Frauen könnten die Ausbildung wechseln, um sich damit auf einen anderen Beruf vorzubereiten; eine Frau könnte ihren Ehemann, ein Jugendlicher seine Familie verlassen. Die Menschen hätten keine Angst mehr, wenn sie den Hunger nicht mehr zu befürchten brauchten. (Dies trifft natürlich nur dann zu, wenn keine politischen Drohungen den Menschen am freien Denken, Reden und Handeln hindern.)

Das garantierte Einkommen würde nicht nur aus dem Schlagwort »Freiheit« eine Realität machen, es würde auch ein tief in der religiösen und humanistischen Tradition des Westens verwurzeltes Prinzip bestätigen, daß der Mensch unter allen Umständen das Recht hat zu leben. Dieses Recht auf Leben, Nahrung und Unterkunft, auf medizinische Versorgung, Bildung usw. ist ein dem Menschen angeborenes Recht, das unter keinen Umständen eingeschränkt werden darf, nicht einmal im Hinblick darauf, ob der Betreffende für die Gesellschaft »von Nutzen ist«.

Der Übergang von einer Psychologie des Mangels zu einer des Überflusses bedeutet einen der wichtigsten Schritte in der menschlichen Entwicklung. Eine Psychologie des Mangels erzeugt Angst, Neid und Egoismus (was man auf der ganzen Welt am intensivsten in Bauernkulturen beobachten kann). Eine Psychologie des Überflusses erzeugt Initiative, Glauben an das Leben und Solidarität. Tatsache ist jedoch, daß die meisten Menschen psychologisch immer noch in den ökonomischen Bedingungen des Mangels befangen sind, während die industrialisierte Welt im Begriff ist, in ein neues Zeitalter des ökonomischen Überflusses einzutreten. Aber wegen dieser psychologischen »Phasenverschiebung« sind viele Menschen nicht einmal imstande, neue Ideen wie die eines garantierten Einkommens zu begreifen, denn traditionelle Ideen werden gewöhnlich von Gefühlen bestimmt, die ihren Ursprung in früheren Gesellschaftsformen haben.

Eine weitere Auswirkung des garantierten Einkommens in Verbindung mit einer wesentlich verkürzten Arbeitszeit für alle wäre sicher, daß die geistigen und religiösen Probleme des menschlichen Daseins real und bestimmend würden. Bisher war der Mensch mit seiner Arbeit zu sehr beschäftigt (oder er war nach der Arbeit zu müde), um sich ernsthaft mit den Problemen abzugeben: »Was ist der Sinn des Lebens?«, »Woran glaube ich?«, »Welche Werte vertrete ich?«, »Wer bin ich?« usw. Wenn er nicht mehr ausschließlich von seiner Arbeit in Anspruch genommen ist, wird es ihm entweder freistehen, sich ernsthaft mit diesen Problemen auseinanderzusetzen, oder er wird aus unmittelbarer oder kompensierter Langeweile halb verrückt werden. Prinzipiell kann der wirtschaftliche Überfluß die Befreiung von der Angst vor dem Hungertod, den Übergang von einer vormenschlichen zu einer wahrhaft menschlichen Gesellschaft kennzeichnen.

Um ein ausgeglichenes Bild zu bieten, sollte man aber auch einige Einwände gegen diese Vorstellung von einem garantierten Einkommen für alle und kritische Fragen nicht außer acht lassen. Die nächstliegende Frage lautet, ob ein garantiertes Einkommen nicht die Arbeitsmotivation beeinträchtigen würde.

Ganz abgesehen davon, daß bereits heute für einen ständig wachsenden Teil unserer Bevölkerung überhaupt keine Arbeit vorhanden ist und daß daher die Frage der Arbeitsmotivation für diese Menschen nicht relevant ist, sollte man diesen Einwand trotzdem ernst nehmen. Meines Erachtens kann man zeigen, daß der materielle Anreiz keineswegs das einzige Motiv ist, um zu arbeiten und sich anzustrengen. Erstens gibt es auch noch andere Motive – wie z. B. Stolz, soziale Anerkennung, Freude an der Arbeit selbst usw. An Beispielen hierfür fehlt es nicht. Am deutlichsten sieht man es an der Arbeit des Wissenschaftlers, des Künstlers usw., deren hervorragende Leistungen nicht vom finanziellen Gewinn, sondern von verschiedenen Faktoren motiviert sind: vor allem vom Interesse an seiner Arbeit, vom Stolz auf die eigene Leistung und dem Streben nach Anerkennung. Aber so augenfällig diese Beispiele auch sein mögen, so sind sie doch nicht völlig überzeugend, weil man sagen könnte, diese Ausnahmemenschen seien zu solchen außergewöhnlichen Anstrengungen eben deshalb fähig, weil sie so außergewöhnlich begabt seien, und sie seien deshalb keine typischen Beispiele für die Reaktion des Durchschnittsmenschen. Mir scheint dieser Einwand jedoch nicht stichhaltig, wenn wir uns die Antriebe zur Aktivität bei Menschen näher ansehen, welche diese Eigenschaften des außergewöhnlichen, kreativen Menschen nicht besitzen. Welche Anstrengungen werden im Bereich des Sports und vieler Hobbys aufgeboten, wo keinerlei materielle Anreize gegeben sind. In welchem Ausmaß das Interesse am Arbeitsprozeß selbst ein Antrieb zur Arbeit sein kann, hat zuerst Professor Mayo in seiner klassischen Untersuchung in den Chicagoer Hawthorne-Werken der Western Electric Company nachgewiesen (E. Mayo, 1933). Allein die Tatsache, daß man ungelernte Arbeiterinnen bei dem Experiment, das ihre Arbeitsproduktivität betraf, selbst heranzog und sie durch ihre Beteiligung zu interessierten, aktiven Teilnehmern wurden, führte zu einer höheren Produktivität, ja sogar zu einem besseren Gesundheitszustand.

Das Problem wird noch deutlicher, wenn wir uns ältere Gesellschaftsformen einmal genauer ansehen. Die Tüchtigkeit und Unbestechlichkeit der traditionellen preußischen Beamten war berühmt, obwohl sie sehr schlecht bezahlt wurden; in diesem Fall waren Begriffe wie Ehre, Treue und Pflichterfüllung die entscheidenden Antriebe zu guten Arbeitsleistungen. Betrachten wir vorindustrielle Gesellschaften (wie zum Beispiel die mittelalterliche europäische Gesellschaft oder die halbfeudalen Gesellschaften zu Anfang unserers Jahrhunderts in Lateinamerika), so taucht noch ein anderer Faktor auf. In diesen Gesellschaften wollte beispielsweise ein Zimmermann nur so viel verdienen, daß er sich das leisten konnte, was zu seinem traditionellen Lebensstandard gehörte. Er hätte sich geweigert, mehr zu arbeiten und zu verdienen, als er brauchte.

Ein zweites Argument dafür, daß der Mensch nicht nur aus

materiellem Anreiz arbeiten und sich anstrengen will, ergibt sich aus der Tatsache, daß der Mensch unter den Folgen von Untätigkeit leidet und eben gerade nicht von Natur aus träge ist. Sicher würden viele Leute gerne für ein oder zwei Monate nicht arbeiten. Die allermeisten würden aber dringend darum bitten, arbeiten zu dürfen, selbst wenn sie nichts dafür bezahlt bekämen. Erkenntnisse über die kindliche Entwicklung und über Geisteskrankheiten liefern eine Fülle Daten hierfür: Es sollte unbedingt eine systematische Untersuchung gemacht werden, bei der alle verfügbaren Daten unter dem Aspekt »Trägheit als Krankheit« analysiert würden.

Wenn nun Geld nicht der Hauptanreiz ist, müßte doch die Arbeit in ihren technischen oder gesellschaftlichen Aspekten so attraktiv und interessant sein, daß man sie eher in Kauf nehmen würde als Untätigkeit. Der moderne, entfremdete Mensch ist (meist unbewußt) apathisch und sehnt sich daher mehr nach Nichtstun als nach Betätigung. Diese Sehnsucht ist jedoch ein Symptom unserer »Pathologie der Normalität«. Vermutlich würde der Mißbrauch des garantierten Einkommens nach kurzer Zeit wieder verschwinden, genauso wie auch die Leute, wenn sie für Süßigkeiten nichts zu bezahlen brauchten, sich nach ein paar Wochen nicht mehr daran überfressen würden.

Ein weiterer Einwand lautet: Wird es den Menschen wirklich freier machen, wenn er keine Angst vor dem Verhungern mehr zu haben braucht, wenn man bedenkt, daß Menschen mit einem guten Einkommen vermutlich genausoviel Angst haben, ihre Stelle zu verlieren, die ihnen im Jahr 15000 Dollar einbringt, wie die, welche hungern müßten, wenn sie ihren Job verlieren würden. Wenn dieser Eindruck richtig ist, würde das garantierte Einkommen die Freiheit der Mehrheit, jedoch nicht die Freiheit der oberen Schichten vergrößern.

Um diesen Einwand ganz zu begreifen, müssen wir bedenken, von welchem Geist unsere heutige Industriegesellschaft erfüllt ist. Der Mensch hat sich in einen *homo consumens* verwandelt. Er ist unersättlich und passiv und versucht seine innere Leere mit einem ständigen, stets wachsenden Konsum zu kompensieren. Es gibt viele klinische Beispiele für diesen Mechanismus, bei dem übermäßiges Essen, Kaufen und Trinken eine Reaktion auf Depression und Angst ist. Konsumiert werden Zigaretten, Schnaps, Sex, Filme, Reisen, Bildungsgüter wie Bücher, Vorlesungen, Kunst. Der Mensch macht den Eindruck, als sei er aktiv und höchst angeregt, in seinem tiefsten Innern ist er jedoch erfüllt von Angst, ist er einsam, deprimiert und gelangweilt. (Langeweile kann als jene Art chronischer Depression begriffen werden, die man erfolgreich mit Konsum kompensieren kann.) Die Industriegesellschaft des zwanzigsten Jahrhunderts hat diesen neuen psychologischen Typ, den *homo consumens*, in erster Linie aus wirtschaftlichen Gründen geschaffen, d. h. um des notwendigen Massenkonsums willen, der durch die Werbung stimuliert und manipuliert wird. Aber der einmal geschaffene Charaktertyp beeinflußt seinerseits wieder die Wirtschaft und läßt das Prinzip der ständig zunehmenden Befriedigung vernünftig und realistisch erscheinen. Das Problem wird dadurch noch komplizierter, daß mindestens zwanzig Prozent der amerikanischen Bevölkerung in unzureichenden Verhältnissen leben, daß einige Länder Europas, vor allem die sozialistischen, noch keinen befriedigenden Lebensstandard erreicht haben und daß der größte Teil der Menschheit in Lateinamerika, Afrika und Asien kaum über dem Hungerniveau existiert. Jedes Argument, das sich für einen geringeren Konsum einsetzt, wird mit dem Gegenargument beantwortet, daß in den meisten Teilen der Welt der Konsum noch gesteigert werden müsse. Dies ist richtig; doch besteht die Gefahr, daß selbst in den heute noch armen Ländern das Ideal des maximalen Konsums richtungweisend für alle Anstrengungen wird, daß es den Geist der Menschen formen und daher auch weiterhin wirksam sein wird, wenn das optimale Konsumniveau bereits erreicht ist.

Der heutige Mensch hat einen grenzenlosen Hunger nach immer mehr Konsum. Das hat folgende Konsequenzen: Da die Gier nach Konsum keine Grenzen mehr kennt, und da in absehbarer Zukunft keine Wirtschaft genug produzieren kann, um einem jeden einen unbegrenzten Konsum zu ermöglichen, kann es (psychologisch gesehen) niemals einen echten Überfluß geben, solange die Charakterstruktur des *homo consumens* vorherrschend ist. Der Gierige wird immer Mangel leiden, da er nie genug bekommt, ganz gleich, wieviel er hat. Außerdem möchte er alles, was die andern haben, auch besitzen und sieht in ihnen seine Konkurrenten. Daher ist er im Grunde isoliert und voller Angst. Er kann Kunst und andere kulturelle Anregungen nie wirklich genießen, weil er immer mehr haben möchte. Das bedeutet aber, daß die, welche auf dem Niveau des garantierten Einkommens leben würden, sich frustriert und minderwertig fühlten und daß die, welche mehr verdienen, Gefangene der Umstände bleiben würden, weil sie Angst hätten, die Möglichkeit zu einem maximalen Konsum einzubüßen. Aus diesen Gründen glaube ich, daß das garantierte Einkommen nur gewisse (wirtschaftliche und soziale) Probleme lösen würde, daß es aber nicht die erwünschte radikale Wirkung hätte, wenn wir nicht gleichzeitig das Prinzip des maximalen Konsums aufgeben.

Was muß also geschehen, wenn wir das garantierte Einkommen einführen wollen? Allgemein gesagt, müssen wir unser System des *maximalen* Konsums in ein System des *optimalen* Konsums verwandeln. Das bedeutet:

Man müßte in der Industrie weitgehend von der Produktion von Gütern für den individuellen Verbrauch zur Produktion von Gütern für den öffentlichen Verbrauch übergehen – zum Beispiel Schulen, Theater, Bibliotheken, Parks, Krankenhäuser, öffentliche Verkehrsmittel und Wohnungsbau fördern. Anders gesagt sollte man den Nachdruck auf die Produktion von Dingen legen, die der Entfaltung der inneren Produktivität und Aktivität des einzelnen dienen. Man kann nachweisen, daß die Gier des *homo consumens* sich hauptsächlich auf den individuellen Konsum von Dingen bezieht, die er ißt (sich einverleibt), während die Benutzung kostenloser öffentlicher Einrichtungen, die dem einzelnen die Möglichkeit bieten, sich seines Lebens zu freuen, keine Gier und Unersättlichkeit erzeugt. Ein solcher Übergang vom maximalen zum optimalen Konsum würde drastische Veränderungen in den Produktionsmustern und außerdem eine radikale Verminderung der Werbung, die mittels Gehirnwäsche unsere Gier immer weiter treibt, notwendig machen (Eine solche Einschränkung der Werbung und vor allem die Steigerung der Produktion für den öffentlichen Bereich sind meines Erachtens kaum ohne staatliche Intervention denkbar). Außerdem müßten kulturelle Veränderungen geschehen: Es müßte zu einer Renaissance der humanistischen Werte des Lebens, der Produktivität, des Individualismus usw. kommen, die den Materialismus des Organisationsmenschen, der so manipuliert wird, daß er wie ein Ameisenhaufen funktioniert, überwindet.

Diese Erwägungen führen hin zu anderen Problemen, die ebenfalls zu untersuchen sind: Gibt es objektiv gültige Kriterien, nach denen man zwischen rationalen und irrationalen, zwischen guten und schlechten Bedürfnissen unterscheiden kann, oder hat jedes subjektiv empfundene Bedürfnis den gleichen Wert? (Als »gut« werden hier Bedürfnisse definiert, die der Lebendigkeit, der Wachheit, der Produktivität und Sensitivität des Menschen förderlich sind; als »schlecht« alle jene Bedürfnisse, die diese menschlichen Möglichkeiten schwächen oder lähmen.) Es ist daran zu erinnern, daß wir alle diesen Unterschied bei Drogenabhängigkeit, Fettsucht und Alkoholismus bereits machen. Die Beschäftigung mit diesen Problemen würde zu folgenden praktischen Erwägungen führen: Wo liegt die untere Grenze der legitimen Bedürfnisse eines Menschen? (Man denke etwa an Bedürfnisse nach einem eigenen Zimmer für jeden, nach Kleidung, einer bestimmten Kalorienmenge, nach kulturellen Gebrauchsgütern wie Radio, Bücher usw.) In einer relativ wohlhabenden Gesellschaft wie in der der Vereinigten Staaten dürfte es nicht schwerfallen festzusetzen, wieviel ein *angemessener* Lebensunterhalt kosten würde und welche Grenze maximaler Konsum haben soll. Es ließe sich eine progressive Besteuerung des Konsums jenseits eines bestimmten Schwellenwertes denken. Auf alle Fälle müßten Lebensbedingungen wie in den Slums vermieden werden. All das bedeutete, daß wir Prinzipien eines garantierten Einkommens mit der Orientierung unserer Gesellschaft vom maximalen zum optimalen Konsum kombinieren müßten, und daß es zu einer drastischen Verschiebung von der Produktion für individuelle Bedürfnisse zu einer Produktion für öffentliche Bedürfnisse kommen sollte.

Es ist sehr wichtig, daß man außer der Idee eines garantierten Einkommens noch einen anderen Gedanken untersucht: den des kostenlosen Konsums gewisser Gebrauchswaren. Dazu würden zum Beispiel Brot, Milch und Gemüse gehören. Nehmen wir für einen Augenblick an, jeder könnte in irgendeine Bäckerei gehen und sich soviel Brot nehmen, wie er wollte. (Der Staat würde der Bäckerei alles von ihr hergestellte Brot bezahlen.) Wie bereits erwähnt, würde der Gierige dann zunächst mehr nehmen, als er gebrauchen könnte, aber nach kurzer Zeit würde dieser »Konsum aus Gier« sich ausgleichen, und die Leute würden sich nur soviel nehmen, wie sie wirklich brauchen. Ein solcher kostenloser Konsum würde meiner Meinung nach eine neue Dimension im menschlichen Leben schaffen (sofern wir darin keine Wiederholung – wenn auch auf höherer Ebene – von Konsumgebräuchen in primitiven Gesellschaften sehen). Der Mensch würde sich dann von dem Grundsatz befreit fühlen: »Wer nicht arbeiten will, soll auch nicht essen.« Sogar schon Anfänge dieses freien Konsums könnten ein ganz neues Erlebnis der Freiheit bedeuten. Selbst wer kein Wirtschaftswissenschaftler ist, wird leicht einsehen, daß die kostenlose Versorgung aller mit Brot leicht vom Staat bezahlt werden könnte, der diese Ausgabe mit einer entsprechenden Steuer decken würde. Aber wir können noch einen Schritt weiter gehen. Es könnten nicht nur alle minimalen Bedürfnisse nach Nahrung mit Brot, Milch, Gemüse und Obst befriedigt werden, sondern auch die minimalen Bedürfnisse an Kleidung (nach irgendeinem System könnte jeder ohne Bezahlung etwa einen Anzug, drei Hemden, sechs Paar Socken usw. jährlich erhalten), und die Verkehrsmittel könnten kostenlos benutzt werden, was natürlich stark verbesserte Einrichtungen von öffentlichen Verkehrsmitteln voraussetzen würde, während Privatwagen teurer würden. Schließlich könnte man sich vorstellen, daß auch das Wohnungsproblem auf ähnliche Weise gelöst würde, etwa daß große Wohnungsbauprojekte mit Schlafsälen für die Jungen, einem kleinen Raum für ältere oder verheiratete Paare gebaut würden, die jedermann nach Belieben kostenlos benutzen könnte. Das bringt mich auf die Idee, daß man das Problem des garantierten Einkommens auch so lösen könnte, daß man alles zum Leben Notwendige – im Sinne eines festgelegten Minimums – kostenlos bekäme, anstatt es bar zahlen zu müssen. Die Herstellung dieser für das Existenzminimum notwendigen Dinge würde die Produktion ebenso in Gang halten wie bei dem Vorschlag eines bezahlten garantierten Einkommens für jeden.

Es läßt sich einwenden, daß diese Methode radikaler und daher weniger akzeptabel wäre als die von anderen Autoren vorgeschlagene. Dies trifft wohl zu. Doch man sollte andererseits nicht vergessen, daß diese Methode der kostenlosen minimalen Dienstleistungen theoretisch innerhalb unseres gegenwärtigen Systems durchzuführen wäre, während die Idee des garantierten Einkommens für viele nicht annehmbar sein wird – und nicht etwa, weil sie nicht durchführbar wäre, sondern wegen des psychologischen Widerstandes gegen die Abschaffung des Prinzips: »Wer nicht arbeiten will, soll auch nicht essen.«

Ein weiteres philosophisches, politisches und psychologisches Problem ist noch zu untersuchen: das der Freiheit. Unser westlicher Begriff von Freiheit gründete sich weitgehend auf die Freiheit zu Privateigentum und seine Nutzung, solange nicht legitime Interessen anderer davon bedroht waren. Heute ist dieser Grundsatz in den westlichen Industriegesellschaften in vieler Hinsicht durch die Besteuerung durchbrochen, die eine Form der Enteignung ist, sowie durch Eingriffe des Staates in Landwirtschaft, Handel und Industrie. Gleichzeitig tritt an die Stelle des Privatbesitzes an Produktionsmitteln immer mehr ein halb-öffentlicher Besitz, wie er für große Konzerne typisch ist. Das Prinzip des garantierten Einkommens würde zwar einige zusätzliche staatliche Reglementierungen bedeuten, doch sollte man bedenken, daß der Begriff der Freiheit für den Durchschnittsmenschen heute nicht sosehr gleichbedeutend mit der Freiheit ist, etwas zu besitzen und seinen Besitz (sein Kapital) nutzbringend anzulegen, als mit der Freiheit, alles, was das Herz begehrt, zu konsumieren. Viele sehen es heute als einen Eingriff in ihre Freiheit an, wenn der unbegrenzte Konsum eingeschränkt wird, obgleich nur die ganz Reichen wirklich frei wählen können, was sie haben möchten. Der Konkurrenzkampf zwischen den verschiedenen Marken der gleichen Gebrauchswaren und den verschiedenen Arten von Gebrauchswaren erzeugt die Illusion persönlicher Freiheit, während der einzelne in Wirklichkeit das haben will, worauf er konditioniert wurde. (Auch hier bietet die totale Bürokratisierung des Verbrauchs in den sozialistischen Staaten ein schlechtes Beispiel für eine Konsumregulierung.) Eine neue Sicht des Problems der Freiheit ist notwendig. Nur mit der Umwandlung des *homo consumens* in eine produktiv-tätige Persönlichkeit wird der Mensch Freiheit als echte Unabhängigkeit erleben und nicht als unbegrenzte Möglichkeit, unter den Konsumgütern zu wählen.

Eine volle Wirksamkeit des Prinzips eines garantierten Einkommens für alle ist nur zu erwarten, wenn es gleichzeitig gekoppelt ist an 1. eine Änderung unserer Konsumgewohnheiten, das heißt der Umwandlung des *homo consumens* in einen produktiv-tätigen Menschen (im Sinne Spinozas); 2. die Herausbildung einer neuen geistigen Haltung des Humanismus (in theistischer oder nicht-theistischer Form) und 3. eine Renaissance echter Demokratie (etwa in einem neuen Unterhaus, in dem die Entscheidung durch Integration der Beschlüsse von Hunderttausenden von kleinen Gruppen *[face-to-face groups]* zustande kommen, durch die aktive Beteiligung sämtlicher Mitarbeiter in allen Unternehmen und in jeder Art von Management usw. – vgl. meine Vorschläge am Ende von *The Sane Society*, 1955 a, GA IV, S. 224–239). Der Gefahr, daß ein Staat, der alle ernährt, zu einer Muttergottheit mit diktatorischen Eigenschaften werden könnte, kann nur durch eine gleichzeitig wirksame Vermehrung demokratischer Verfahren in allen gesellschaftlichen Bereichen begegnet werden. (In Wirklichkeit verfügt ja heute der Staat bereits über außerordentliche Macht, ohne diese Möglichkeiten einzuräumen.)

Mit den ökonomisch orientierten Forschungsarbeiten auf dem Gebiet des garantierten Einkommens für alle müssen auch noch andere Forschungen betrieben werden: psychologische, philosophische, religiöse und erziehungswissenschaftliche. Der große Schritt zu einem garantierten Einkommen wird meiner Meinung nach nur Erfolg haben, wenn Veränderungen in anderen Bereichen mit ihm Hand in Hand gehen. Wir dürfen nicht vergessen, daß das garantierte Einkommen nur zustande kommen kann, wenn wir aufhören, zehn Prozent unseres Gesamteinkommens für die wirtschaftlich nutzlose und gefährliche Rüstung auszugeben, wenn wir der Ausbreitung sinnloser Gewalttätigkeiten dadurch Einhalt gebieten, daß wir die unterentwickelten Länder systematisch unterstützen, und wenn wir Mittel und Wege finden, der Bevölkerungsexplosion Einhalt zu gebieten. Ohne diese Wandlungen wird kein Plan für die Zukunft gelingen, weil es keine Zukunft geben wird.

Es besteht kaum ein Zweifel, daß der Vorschlag einer einseitigen Abrüstung – im weiten Sinn eines bedingungslosen Abbaus der gesamten militärischen Einrichtungen eines Landes – in der nächsten Zukunft weder für die Vereinigten Staaten noch für die Sowjetunion annehmbar sein wird. Daher möchte ich in diesem Aufsatz, soweit er sich mit *praktischen* Vorschlägen für eine Rüstungskontrolle befaßt, ein anderes, wenn auch stark eingeschränktes Konzept einer einseitigen Abrüstung vorschlagen. Mir geht es dabei um das, was Charles Osgood (1909) »schrittweises einseitiges Handeln (oder Disengagement)« genannt hat und was man auch eine »einseitige Initiative für praktische Schritte in Richtung auf eine Abrüstung« nennen könnte. Meiner Auffassung liegt die Idee einer radikalen Änderung unserer multilateralen Abrüstungsverhandlungen zugrunde. Diese Änderung bedeutet, daß wir unsere gegenwärtige Verhandlungsmethode aufgeben, bei der jedes Zugeständnis, das wir machen, von einem entsprechenden garantierten Zugeständnis von seiten der Russen abhängt, und daß wir statt dessen einseitig schrittweise abrüsten in der Erwartung, daß die Russen das gleiche tun und daß auf diese Weise der gegenwärtige tote Punkt in den Verhandlungen über eine universale Abrüstung überwunden wird.

Der Grundgedanke dieser Politik einer schrittweisen einseitigen Abrüstung läßt sich nicht besser beschreiben, als es Osgood getan hat, der meines Wissens als erster diese Idee in zwei glänzenden und tiefgründigen Aufsätzen (1959, 1960) entfaltet hat. Er schreibt (1959, S. 316):

»Um den Feind auf möglichst wirksame Weise dazu zu bringen, daß er bei einer einseitigen Aktion nachzieht, sollte diese Aktion

1. für die Seite, die sie durchführt, im Falle eines *militärischen Angriffs* unverkennbar nachteilig sein, ohne sie jedoch völlig zu blockieren;

2. sollte die Gegenseite klar erkennen können, daß durch diese Aktion ihre äußere Bedrohung verringert wird;

3. sollte die Aktion die Bedrohung unseres Landes durch den Gegner nicht vergrößern (diese Bedingung ist meines Erachtens mehr ein Wunsch, da jede Schwächung des Angriffspotentials der einen Macht strategisch das Angriffspotential der anderen verstärkt);

4. sollte die Aktion so beschaffen sein, daß eine entsprechende Aktion des Gegners eindeutig erwartet werden kann und angezeigt ist;

5. sollte die Eigenart der Aktion und ihr Zweck innerhalb einer langfristigen Politik sowie die erwartete Gegenleistung den Verbündeten und den neutralen und gegnerischen Ländern im voraus angekündigt und auf breiter Basis publiziert werden;

6. vom Gegner sollte man jedoch nicht verlangen, daß er sich vor der Durchführung der Aktion zu Gegenleistungen verpflichtet.«

Welche Schritte im einzelnen in dieser Richtung zu tun sind, erfordert viele weitere Überlegungen unter Heranziehung kompetenter Spezialisten. Aber um wenigstens einen allgemeinen Begriff davon zu geben, welche konkreten Schritte bei dieser Politik zu tun wären, möchte ich folgende (teilweise in Übereinstimmung mit Osgood) erwähnen: gegenseitige Information über neue wissenschaftliche Erkenntnisse; Verzicht auf weitere Atomtests; Truppenreduzierung; Abbau einer oder mehrerer Militärbasen; Beendigung der deutschen Wiederaufrüstung usw. Es steht zu erwarten, daß die Russen den Krieg genau wie wir vermeiden möchten, daß sie daher mit Gegenleistungen beginnen werden und daß – wenn erst einmal der gegenseitige Argwohn beseitigt ist – noch größere Schritte unternommen werden können, die schließlich zu einer völligen bilateralen Abrüstung führen könnten. Außerdem sollten meiner Ansicht nach mit den Abrüstungsverhandlungen politische Verhandlungen parallel gehen, die auf der Grundlage der Anerkennung des Status quo im wesentlichen auf eine gegenseitige Nichteinmischung abzielen sollten. Auch hier gehe ich mit Osgood einig, daß einseitige Schritte, wie die Anerkennung der Oder-Neiße-Linie und die Aufnahme Chinas in die Vereinten Nationen, in der Erwartung getan würden, daß die Russen mit Gegenleistungen antworten (etwa durch ein Zügeln der chinesischen Aggression oder durch Nichteinmischung im Mittleren und Fernen Osten).

Welches sind die Voraussetzungen für den Vorschlag, einseitige Schritte zur Abrüstung zu unternehmen? (Ich möchte hier nur auf einige grundsätzliche Dinge hinweisen und auf andere im zweiten Teil dieser Abhandlung zu sprechen kommen, der die Argumente für eine vollkommene einseitige Abrüstung darlegt.) Zu einer schrittweisen einseitigen Abrüstung ist folgendes zu sagen:

1. daß – wie bereits erwähnt – die gegenwärtige Verhandlungsmethode offensichtlich nicht zum Ziel einer bilateralen Abrüstung führt, weil das gegenseitige Mißtrauen und die Angst voreinander zu tief eingewurzelt sind;

2. daß, wenn es zu keiner *vollständigen* Abrüstung kommt, das Wettrüsten weitergehen und zur Vernichtung unserer wie auch der russischen Zivilisation führen wird und daß es auch ohne den Ausbruch eines Kriegs die Werte, für die wir unser Leben aufs Spiel setzen, langsam aushöhlen und schließlich zerstören wird;

3. daß einseitige Schritte in dieser Richtung zwar eine unbestreitbare Gefahr darstellen, die uns jedoch auf keiner Stufe handlungsunfähig macht und insgesamt unendlich geringer ist als bei einer Fortsetzung des Wettrüstens.

Wenn auch der weitergefaßte Begriff einer vollkommenen – und nicht schrittweisen – einseitigen Abrüstung, wie bereits erwähnt, in nächster Zukunft keine praktische Möglichkeit ist, soweit sie die Vereinigten Staaten und die UdSSR betrifft, so halte ich es doch für der Mühe wert, die Argumente für diese Einstellung anzugeben, und dies nicht in erster Linie, weil der Herausgeber dieser Zeitschrift mich darum gebeten hat, und auch nicht deshalb, weil ich zu der kleinen Minderheit derer gehöre, die glauben, daß die Risiken eines weiteren Wettrüstens weit größer sind als die durchaus ernst zu nehmenden Risiken einer einseitigen Abrüstung. Wenn auch diese beiden Gründe nicht genügen, um die folgenden Ausführungen zu rechtfertigen, spricht für sie noch ein weiterer wichtiger Grund: Wenn man über die Argumente, die für eine radikale – wenn auch praktisch unannehmbare – Einstellung sprechen, nachdenkt, so trägt man damit dazu bei, die Denkbarrieren zu durchbrechen, die uns jetzt daran hindern, aus dem Teufelskreis von Drohung und Gegendrohung herauszukommen. Werden die Überlegungen, die für das unpopuläre Eintreten für eine völlige einseitige Abrüstung sprechen, ernstgenommen, dann kann dies den Blick für neue Methoden und Gesichtspunkte freimachen, die selbst dann wichtig sind, wenn unser praktisches Ziel eine schrittweise einseitige Abrüstung ist – ja selbst dann, wenn es uns nur um die Aushandlung einer bilateralen Abrüstung geht. Ich glaube, daß die Schwierigkeit, eine vollkommene Abrüstung zu erreichen, weitgehend an den starren, stereotypen Gefühls- und Denkgewohnheiten auf beiden Seiten liegt und daß jeder Versuch, diese aufzutauen und das ganze Problem noch einmal zu überdenken, von Bedeutung sein kann, wenn es gilt, einen Ausweg aus der gefährlichen Sackgasse zu finden, in der wir uns gegenwärtig befinden.

Der Vorschlag einer vollkommenen einseitigen Abrüstung wird von Männern wie Victor Gollancz, Lewis Mumford und einigen Quäkern von ihrem religiösen, moralischen oder pazifistischen Standpunkt aus befürwortet. Auch von Männern wie Bertrand Russell, Stephen King-Hall und Charles Wright Mills wird er unterstützt, die zwar nicht unter allen Umständen gegen Anwendung von Gewalt, aber kompromißlose Gegner eines Atomkriegs und aller Vorbereitungen dazu sind. Ich selbst stehe mit meiner Auffassung irgendwo zwischen den strengen Pazifisten und Männern wie Bertrand Russell und Stephen King-Hall. (Vgl. B. Russell, 1959; St. King-Hall, 1959; J. Davis und H. B. Hester, 1959; L. Mumford, 1958; C. W. Mills, 1959; G. F. Kennan, 1959; R. B. Gregg, 1959; American Friends Committee, 1955.)

Der Unterschied zwischen diesen beiden Gruppen ist jedoch nicht so grundsätzlich, wie es zunächst scheinen mag. Beiden ist die kritische Einstellung zu den irrationalen Aspekten der internationalen Politik und eine tiefe Ehrfurcht vor dem Leben gemeinsam. Beide sind von der Einheit der Menschheit überzeugt und beide teilen den Glauben an die geistigen und intellektuellen Möglichkeiten des Menschen. Sie folgen ihrem Gewissen und weigern sich, daran mitschuldig zu werden, wenn »Millionen von Frauen, Kindern und Kriegsunfähigen den Verlusten und Gefahren ausgesetzt werden, die ihre eigene Regierung durch ihr Verhalten heraufbeschwört« (G. F. Kennan, 1959, S. 44). Ob sie in theistischen Begriffen denken oder in denen eines nicht-theistischen Humanismus (entsprechend der philosophischen Tradition von der Stoa bis zur Aufklärung des 18. Jahrhunderts), sind sie doch alle in der gleichen spirituellen Tradition verwurzelt und in bezug auf diese Grundsätze zu keinem Kompromiß bereit. Sie sind sich in ihrer kompromißlosen Opposition gegen jede Art von Götzendienst, einschließlich des Götzendienstes am Staat, einig. Während ihre Opposition gegen das Sowjetsystem eben in dieser Einstellung gegen den Götzendienst wurzelt, stehen sie ihm auch in der westlichen Welt kritisch gegenüber, ganz gleich, ob er im Namen Gottes oder der Demokratie betrieben wird.

Es gibt zwar keinen Befürworter der einseitigen Abrüstung, der nicht der Überzeugung wäre, daß der einzelne bereit sein muß, sein Leben für seine höchsten Werte hinzugeben, falls sich diese äußerste Notwendigkeit ergeben sollte, doch sind alle gleichermaßen davon überzeugt, daß es unmoralisch und unverantwortlich wäre, den Fortbestand der Menschheit oder auch nur die Errungenschaften unserer wertvollsten Bemühungen in den letzten fünftausend Jahren aufs Spiel zu setzen. In dem Maß, wie die Kriegsführung gleichzeitig immer sinnloser und immer vernichtender wird, wächst die Übereinstimmung unter den Pazifisten aus Glaubensgründen, den Humanisten und den pragmatischen Gegnern der atomaren Bewaffnung.

Für die Befürworter einer einseitigen Abrüstung ist die Fortsetzung des Wettrüstens in jedem Fall katastrophal, ob die Abschreckung nun wirkt oder nicht. Sie sind vor allem nicht davon überzeugt, daß Abschreckung den Ausbruch eines Atomkrieges verhindern wird.* Sie glauben, daß die Folgen

* Diese Ansicht teilt der Bericht der »National Planning Association« (1958), in dem es heißt: »Die Kriegsgefahr bleibt nicht nur als Möglichkeit bestehen, die Möglichkeit wird im Laufe der Zeit sogar immer größer und wird schließlich zur Gewißheit, wenn genügend Zeit verflossen ist, ohne daß Alternativen hätten gefunden werden können.« – E. Finley Carter, der Präsident des »Stanford Research Institute«, schreibt in dessen Journal (1959, S. 198): »Auf ihrer Suche nach Sicherheit haben der Sowjetblock und die westlichen Alliierten ihre Technologie für Vernichtungswaffen genutzt und sich damit einen gemeinsamen tödlichen Feind geschaffen: die Gefahr des Atomkriegs.« Auch Herman Kahn (a. a. O., S. 139) kommt zu dem Ergebnis: »Es ist höchst unwahrscheinlich, daß die Welt bei einem weitergehenden unkontrollierten Wettrüsten noch mehrere Jahr-

eines Atomkrieges »bestenfalls« die Idee völlig widerlegen würden, daß wir einen solchen Krieg führen sollten, um unsere demokratische Lebensweise zu retten. Wir brauchen uns nicht auf das Ratespiel einzulassen, ob ein oder zwei Drittel der Bevölkerung beider Gegner und welcher Prozentsatz der neutralen Welt vernichtet würde (je nach Windrichtung!). Es grenzt an Wahnsinn, sich zu überlegen, ob es allenfalls akzeptabel wäre, daß möglicherweise 30, 60 oder 90 Prozent der eigenen Bevölkerung oder der des Feindes als Folge der eigenen Politik vernichtet würden, es kann in der Tat nur als pathologisch bezeichnet werden. Die sich ständig vergrößernde Kluft zwischen Verstand und Gefühl, die für die westliche Entwicklung in den letzten Jahrhunderten so charakteristisch ist, hat ihren gefährlichen, schizoiden Höhepunkt erreicht, wenn wir heute ruhig und angeblich vernünftig darüber diskutieren können, ob wir mit unserer Handlungsweise möglicherweise den Untergang der Welt herbeiführen. Man braucht nicht viel Phantasie, um sich vorstellen zu können, daß die plötzliche Vernichtung eines großen Teils der amerikanischen oder russischen Bevölkerung oder großer Teile der Welt und die Drohung, einen langsamen Tod sterben zu müssen, eine solche Panik, Wut und Verzweiflung hervorrufen wird, die nur mit der Massenpsychose zu vergleichen ist, die der Schwarze Tod im Mittelalter hervorrief. Die traumatischen Auswirkungen einer solchen Katastrophe würden zu neuen Formen einer primitiven Barbarei, zum Wiederaufleben archaischer Regungen führen, die immer noch als Möglichkeit in jedem Menschen vorhanden sind und

zehnte überleben wird.« Er betont, es sei unrealistisch zu glauben, daß der Krieg durch seine außerordentliche Destruktivität unmöglich gemacht würde. – Der Berater für Wissenschaft und Technologie des »Democratic Advisory Council« erklärte am 27. Dezember 1959: »Ein totaler Atomkrieg dürfte nicht nur möglich, sondern wahrscheinlich sein, wenn wir unsere gegenwärtige Militärpolitik fortsetzen und es uns nicht gelingt, zu internationalen Übereinkommen auf breiter Basis zu kommen, die den Zweck verfolgen, die gegenwärtige unstabile Lage zu verbessern. Die Auslösung eines Atomkriegs durch ein Versehen, durch Mißgeschick oder durch eine Fehlspekulation stellt eine ständige Gefahr dar.« Ergänzend muß unterstrichen werden, daß die Gefahr nicht nur in technischen Fehlern, sondern auch ebenso in Fehlentscheidungen politischer und militärischer Führungskräfte besteht. Wer sich an die im Ersten und Zweiten Weltkrieg gemachten politischen und militärischen Fehler erinnert, kann voraussehen, daß angesichts der heutigen Waffen die gleiche Art von Führern die Welt trotz guter Absichten in die Luft sprengen wird.

für die wir im Terrorsystem von Hitler und Stalin genügend Beispiele hatten. Es dürfte vielen, die sich mit der menschlichen Natur und Psychopathologie beschäftigen, höchst unwahrscheinlich vorkommen, daß die Menschen noch an Freiheit, Achtung vor dem Leben oder Liebe glauben könnten, nachdem sie die grenzenlose Grausamkeit des Menschen gegen den Menschen, die ein Atomkrieg bedeuten würde, miterlebt und sich daran beteiligt hätten. Es ist eine psychologische Tatsache, daß brutale Gewaltakte auf die, die sie ausführen, eine brutalisierende Wirkung haben und zu noch mehr Brutalität führen.

Doch was geschieht, wenn die *Abschreckung* wirkt? Wie wird der Gesellschafts-Charakter des Menschen in einer bilateral oder multilateral bewaffneten Welt voraussichtlich beschaffen sein, wenn ohne Rücksicht darauf, wie komplex die Probleme der betreffenden Gesellschaft sein mögen oder bis zu welchem Grad sie befriedigt sind, die größte und allgegenwärtige Realität im Leben der Menschen das Fernlenkgeschoß ist, das damit verbundene Kommandogerät und die bereitstehenden Geigerzähler und Seismographen – die ganze technische Perfektion des Vernichtungsmechanismus (welche die nagende, aber ohnmächtige Angst vor seiner Unvollkommenheit verdeckt)? Längere Zeit unter der ständigen Drohung von Vernichtung zu leben, hat bei den meisten Menschen bestimmte psychologische Wirkungen wie Angst, Feindseligkeit, Gefühllosigkeit, eine Verhärtung des Herzens und eine daraus resultierende Gleichgültigkeit gegen alle Werte, die uns am Herzen liegen. Derartige Verhältnisse werden uns in Barbaren verwandeln – wenn auch in Barbaren, die mit den kompliziertesten Maschinen ausgerüstet sind. Wenn es uns mit unserer Behauptung ernst wäre, daß wir die Freiheit erhalten wollen (das heißt, daß wir verhindern wollen, daß der einzelne einem allmächtigen Staat unterworfen wird), dann müssen wir zugeben, daß eben diese Freiheit verlorengehen wird, ob die Abschreckung nun wirkt oder nicht.

Abgesehen von diesen psychologischen Tatsachen ist die Forderung des Wettrüstens für die westliche Kultur eine besondere Bedrohung. Im Prozeß der Naturbeherrschung sind Produktion und Konsum zur Hauptbeschäftigung des westlichen Menschen – zu seinem Lebensziel – geworden. Wir haben aus

Mitteln Zwecke gemacht. Wir stellen Maschinen her, die wie Menschen sind, und wir produzieren Menschen, die wie Maschinen sind. Der einzelne wird im Bereich seiner Arbeit als Teil eines Produktionsablaufs betrachtet. In seiner Freizeit wird er als Verbraucher manipuliert, dem dann auch gerade das gefällt, von dem man ihm sagt, daß es ihm gefallen müsse, und der sich dennoch in der Illusion wiegt, seinem eigenen Geschmack zu folgen. Weil der Mensch die Herstellung von Dingen zum Mittelpunkt seines Lebens gemacht hat, gerät er selbst in die Gefahr, zu einem Ding zu werden, den Götzen der Produktionsmaschinerie und des Staates zu huldigen – und dies alles in dem Glauben, er verehre Gott. Von Ralph Emerson stammt der Satz, daß die Dinge im Sattel sitzen und die Menschheit reiten. Umstände, die wir erst hergestellt haben, haben sich zu Mächten vergegenständlicht, die nun uns beherrschen. Das technische und das bürokratische System, das wir aufgebaut haben, sagt uns nun, was wir zu tun haben und trifft für uns die Entscheidung. Vielleicht laufen wir nicht Gefahr, ganz zu Sklaven zu werden, aber wir drohen zu Robotern zu werden. Unsere herkömmlichen humanen Werte sind in Gefahr: unsere Integrität und Individualität, unser Verantwortungsgefühl, unsere Vernunft und unsere Liebe. Das Sprechen über diese Werte wird immer mehr zu einem inhaltlosen Ritual.

Der in den Vereinigten Staaten ebenso wie in der Sowjetunion feststellbare Trend, zu einer Welt impotenter, aber von potenten Maschinen gelenkten Menschen zu werden – ein Trend, der durch technische und demographische Faktoren sowie durch die zunehmende Zentralisierung und Bürokratisierung in den großen Unternehmen und in der Regierung zustande kam –, wird einen Punkt erreichen, an dem es keine Umkehr mehr gibt, wenn wir das Wettrüsten fortsetzen. So gefährlich unsere gegenwärtige Situation ist, haben wir doch immer noch eine Chance, den Menschen wieder in den Sattel zu heben und eine Renaissance der spirituellen Werte unserer großen humanistischen Tradition in die Wege zu leiten. Wenn es nicht zu einer derartigen Renaissance kommt, wenn wir keine radikale Neubelebung des Geistes, auf den sich unsere Kultur gründet, erreichen, dann werden wir die Vitalität einbüßen, die wir zum

Überleben brauchen, und werden untergehen, wie schon so viele andere große Kulturen in der Geschichte untergegangen sind. Die reale Bedrohung unserer Existenz ist nicht die kommunistische Ideologie, nicht einmal die kommunistische Militärmacht – es ist die Hohlheit unserer Überzeugungen, die Tatsache, daß Freiheit, Individualität und Glaube zu leeren Formeln geworden sind, daß Gott zu einem Götzen geworden ist und daß unsere Lebenskraft versiegt, weil wir keine Vision mehr haben, außer daß wir immer mehr vom immer gleichen haben wollen. Mir scheint, daß im Grunde der Haß auf den Kommunismus zum großen Teil auf einem tiefen Mißtrauen gegen die geistigen Werte der Demokratie beruht. So kommt es, daß wir nicht von Liebe zu dem, *wofür* wir eintreten, erfüllt sind, sondern von Haß *gegen* das, was wir nicht wollen. Wenn wir weiterhin in dieser Angst vor unserer Vernichtung leben und die Massenvernichtung anderer Menschen planen, werden wir die letzte Chance vertun, die humanistisch-geistige Tradition wiederaufleben zu lassen.

Wenn die Abschreckungspolitik dermaßen gefährlich ist, mit welchen *Vorteilen* und mit welchen *Gefahren* rechnen dann die Befürworter *der einseitigen Abrüstung?*

Ob eine einseitige Abrüstung von den Vereinigten Staaten oder von der Sowjetunion ausgeht: die Wahrscheinlichkeit, daß ein Krieg verhindert werden kann, ist sehr groß, denn der wichtigste Grund, einen Atomkrieg anzufangen, ist sowohl für die Vereinigten Staaten wie für die Sowjetunion die ständige Angst, vom Gegner angegriffen und vernichtet zu werden. Herman Kahn, der keineswegs ein Befürworter der einseitigen Abrüstung ist, drückt die Situation im Journal des »Stanford Research Institute« (1959, S. 140) treffend aus: »Abgesehen von den ideologischen Unterschieden und dem Problem der Sicherheit selbst scheint es keine objektive Streitfrage zwischen den Vereinigten Staaten und den Russen zu geben, die die Risiken und Kosten, die wir auf uns nehmen, rechtfertigen würde. Das Schreckgespenst, das die Sowjetunion und die Vereinigten Staaten sich voreinander fürchten läßt, ist die Angst selbst.« Wäre die Angst voreinander tatsächlich die Hauptkriegsursache, dann müßte die Abrüstung diese Ursache und damit auch die Wahrscheinlichkeit eines Krieges beseitigen.

Neben der Angst werden noch andere Motive genannt, die die Sowjetunion veranlassen könnten, die Welt erobern zu wollen. Ein solches Motiv könnte wirtschaftlicher Expansionismus sein – das Hauptmotiv für die Kriege im 19. Jahrhundert und auch für die beiden Weltkriege. Aber gerade hier zeigt sich der Unterschied zwischen den Auseinandersetzungen von 1914 und 1939 und der gegenwärtigen Situation. Im Ersten Weltkrieg bedrohte Deutschland die britischen Märkte und die französischen Kohlen- und Eisenlager; 1939 brauchte Hitler territoriale Eroberungen für die von ihm angestrebte Ausdehnung der Wirtschaft. Heute haben weder die Sowjetunion noch die Vereinigten Staaten ein besonderes Interesse an der Eroberung neuer Märkte und Rohstoffquellen, da eine Steigerung des nationalen Bruttosozialprodukts um zwei oder drei Prozent einen weit größeren Vorteil bringen würde als jede militärische Eroberung, und weil beide Seiten im übrigen das Kapital, die Rohstoffe, die Versorgungsgüter und eine ausreichende Bevölkerungszahl für eine ständige Zunahme des Bruttosozialprodukts besitzen. (Dies sind übrigens auch die Gründe, warum eine reale Chance besteht, in Zukunft den Krieg abschaffen zu können – eine Chance, wie sie in der Vergangenheit noch nie gegeben war. Für eine Verbesserung der materiellen Situation brauchte man in der Menschheitsgeschichte bisher mehr menschliche Energie [Sklaven] und mehr Land für Viehzucht und Ackerbau oder auch neue Rohstoffquellen. Die Technik der Gegenwart und der Zukunft wird es uns ermöglichen, unseren materiellen Wohlstand durch eine gesteigerte industrielle und – indirekt – durch eine gesteigerte landwirtschaftliche Produktivität zu vergrößern, ohne daß wir deshalb andere Menschen versklaven oder berauben müssen. Heute und in der Zukunft wäre demnach der einzig einleuchtende Grund für einen Krieg die Irrationalität menschlichen Strebens nach Macht und Eroberung.)

Ein sehr ernst zu nehmendes Motiv ist die in den Vereinigten Staaten weit verbreitete Angst, die Sowjetunion strebe danach, die Welt für den Kommunismus zu erobern und warte nur darauf, daß die Vereinigten Staaten abrüsten, um dann diesen Wunsch um so zielstrebiger zu verwirklichen. Eine solche Einschätzung gründet in der falschen Beurteilung der Absichten der Sowjetunion heute. Es stimmt zwar, daß die Russische Revolution unter Lenin und Trotzki bestrebt war, die kapitalistische Welt (oder wenigstens Europa) für den Kommunismus zu erobern, einesteils weil die kommunistischen Führer überzeugt waren, daß es für das kommunistische Rußland keine Erfolgsmöglichkeit gab, wenn sich nicht die hochindustrialisierten Länder Europas (oder zumindest Deutschland) ihrem System anschlössen, und zum anderen weil sie von dem Glauben angetrieben wurden, daß ein Sieg der kommunistischen Revolution der Welt die Erfüllung ihrer säkularisierten messianischen Hoffnungen brächte.

Das Fehlschlagen dieser Hoffnungen und der Sieg Stalins hat das Wesen des Sowjet-Kommunismus völlig verändert. Die Ausrottung fast aller alten Bolschewiken war nur ein symbolischer Akt für die Zerstörung der alten revolutionären Idee. Stalins Schlagwort vom »Sozialismus in einem Land« verdeckte das einfache Ziel: die schnelle Industrialisierung Rußlands, die das zaristische System nicht erreicht hatte. Rußland wiederholte nur den gleichen Prozeß der Kapitalakkumulation, den der westliche Kapitalismus im 18. und 19. Jahrhundert durchgemacht hatte. Der wesentliche Unterschied liegt darin, daß in diesen westlichen Ländern die Sanktionen rein wirtschaftlicher Art waren, während das stalinistische System die politischen Sanktionen eines direkten Terrors entwickelte. Außerdem bediente es sich der sozialistischen Ideologie, um den Massen ihre Ausbeutung zu beschönigen. Das stalinistische System war weder ein sozialistisches noch ein revolutionäres System, sondern ein Staatskapitalismus, der sich auf rücksichtslose Planungsmethoden und eine Zentralisierung der Wirtschaft gründete.

Für das System Chruschtschows ist es kennzeichnend, daß die Kapitalakkumulation einen Punkt erreicht hat, an dem die Bevölkerung sich einen weit größeren Konsum leisten kann und weniger zu Opfern gezwungen ist. Die Folge ist, daß man den politischen Terror weitgehend verringern kann.

Das System Chruschtschows hat den Charakter der Sowjetgesellschaft jedoch in einem wesentlichen Punkt unverändert gelassen: Sein Regime ist weder ein revolutionäres noch ein sozialistisches, sondern eines der konservativsten, das von Klassengegensätzen gekennzeichnet ist, wie man sie kaum noch in der westlichen Welt findet. Es ist ein System, das auf die Menschen Zwang ausübt, jedoch wirtschaftlich sehr leistungsfähig ist. Während das Ziel des demokratischen Sozialismus die Emanzipation des Menschen, die Überwindung der Entfremdung und die schließliche Abschaffung des Staates war, spiegelt sich in den in Sowjetrußland üblichen »sozialistischen« Schlagworten eine leere Ideologie, und die gesellschaftliche Wirklichkeit ist das genaue Gegenteil eines echten Sozialismus. Die herrschende Klasse in der Sowjetunion ist genausowenig revolutionär, wie die Renaissance-Päpste Nachfolger der Lehre Christi waren. Wenn man Chruschtschow zu erklären versucht, indem man Marx, Lenin oder Trotzki zitiert, so zeigt das, daß man völlig unfähig ist, die historische Entwicklung zu begreifen, die in der Sowjetunion stattgefunden hat, und daß man auch den Unterschied zwischen Tatsachen und Ideologien nicht richtig einzuschätzen vermag. Hinzuzufügen wäre noch, daß wir mit unserer Haltung den Russen den besten Propagandadienst erweisen, den sie sich nur wünschen können. Im vollen Widerspruch zu den Tatsachen versuchen sie, die Arbeiterschaft Westeuropas und die Bauern in Asien davon zu überzeugen, daß sie die Ideen des Sozialismus, einer klassenlosen Gesellschaft usw. vertreten. Der Westen, der auf diese Propaganda hereinfällt, tut genau das, was die Russen wollen: Er bestätigt ihre Behauptungen. (Leider besitzen außer den demokratischen Sozialisten nur sehr wenige Menschen genügend Kenntnisse, um zwischen dem Sozialismus und seiner entstellten und korrumpierten Form, die sich Sowjetsozialismus nennt, unterscheiden zu können.)

Die Rolle, die Rußland spielt, wird noch dadurch betont, daß Rußland sich von einem möglicherweise auf Expansion bedachten China bedroht fühlt. Rußland könnte eines Tages China gegenüber in die gleiche Lage kommen, in der wir in bezug auf Rußland zu sein glauben. Wenn die Bedrohung Rußlands durch die Vereinigten Staaten aufhören würde, könnte Rußland seine Energie darauf verwenden, mit der Bedrohung durch China fertig zu werden, falls nicht durch eine universale Abrüstung auch diese Bedrohung wegfiele.

Alle diese Erwägungen weisen darauf hin, daß die Gefahren, die entstehen könnten, wenn die Sowjetunion ihre Aufrüstung nicht einstellt, nicht so nahe liegen, wie es zunächst den Anschein haben könnte. Würde wohl die Sowjetunion ihre militärische Überlegenheit dazu benutzen, die Vereinigten Staaten oder Westeuropa zu besetzen? Ganz abgesehen davon, daß es für die Führer der Sowjets ungeheuer schwierig wäre, den wirtschaftlichen und politischen Apparat der Vereinigten Staaten oder Westeuropas in Gang zu halten, und abgesehen davon, daß es für Rußland nicht lebensnotwendig ist, diese Gebiete zu erobern, wäre es auch höchst ungelegen, diesen Versuch zu machen, und zwar aus einem Grund, den man gewöhnlich unterschätzt. Selbst die pro-kommunistischen Arbeiter im Westen haben keine Ahnung davon, welchem Zwang sie unter einem Sowjetsystem ausgesetzt wären. Sie würden sich genauso wie die nicht-kommunistischen Arbeiter den neuen Autoritäten widersetzen, die gegen die aufbegehrenden Arbeiter Panzer und Maschinengewehre einsetzen müßten. Dies würde aber die revolutionären Tendenzen in den Satellitenstaaten und sogar innerhalb der Sowjetunion selber ermutigen, was für die sowjetischen Machthaber höchst unerwünscht wäre. Ganz besonders würde es Chruschtschows Liberalisierungspolitik und seine gesamte politische Stellung gefährden.

Schließlich könnte die Sowjetunion noch versuchen, ihre militärische Überlegenheit dazu zu benutzen, in Asien und Afrika Einfluß zu gewinnen. Das ist möglich, doch ist es bei unserer gegenwärtigen Abschreckungspolitik zweifelhaft, ob die Vereinigten Staaten tatsächlich bereit wären, einen Atomkrieg anzufangen, um die Russen daran zu hindern, in der Welt außerhalb Europas und Nord- und Südamerikas irgendwelche Vorteile zu erringen.

Alle diese Erwägungen können falsch sein. Aber die Befürworter der einseitigen Abrüstung stehen auf dem Standpunkt, daß die Chance, unrecht zu haben, weit geringer ist als die Chance, daß die Fortsetzung des Wettrüstens die Zivilisation, die sie schätzen, zugrunde richten wird.

Man kann die Frage, welches Ergebnis eine einseitige Abrüstung – oder auch jede bilaterale Abrüstung – haben könnte, nicht erörtern, ohne einige *psychologische Argumente zu überprüfen.* Gegen eine einseitige Abrüstung wird gerne ins Feld geführt, daß »den Russen nicht zu trauen sei«. Versteht man »trauen« im moralischen Sinn, so trifft es leider zu, daß politischen Führern nur selten zu trauen ist. Die Ursache ist die Kluft, die zwischen der privaten und der öffentlichen Moral besteht: Da der Staat zu einem Götzen geworden ist, wird jede Unmoral gerechtfertigt, wenn sie nur in seinem Interesse begangen wird, während eben dieselben politischen Führer das gleiche wohl kaum tun würden, wenn es sich um ihre privaten Interessen handelte. Aber »den Menschen trauen« hat noch eine andere Bedeutung, die für politische Probleme weit relevanter ist: Ich meine das Vertrauen darauf, daß es sich um geistig gesunde, vernünftige Wesen handelt und daß sie dementsprechend vorgehen werden. Wenn ich es mit einem Gegner zu tun habe, auf dessen geistige Gesundheit ich vertraue, dann kann ich seine Motivationen begreifen und bis zu einem gewissen Grad voraussagen, weil es bestimmte Regeln und Ziele gibt – wie zum Beispiel das Überleben und die Angemessenheit der Mittel zur Erreichung eines bestimmten Zweckes – die allen geistig gesunden Menschen gemeinsam sind. Hitler war nicht zu trauen, weil er geistig krank war, und eben dies richtete ihn und sein Regime zugrunde. Es scheint völlig klar, daß die heutigen russischen Führer geistig gesunde, vernünftige Menschen sind. Deshalb ist es wichtig, nicht nur zu wissen, wozu sie fähig sind, sondern auch vorauszusagen, welches ihre Handlungsmotive möglicherweise sein könnten. – Ob politische Führer geistig gesund sind oder nicht, ist keine Sache des historischen Zufalls. Jede Regierung, die sich das Unmögliche zum Ziel setzt – zum Beispiel Gleichheit und Gerechtigkeit herzustellen, wenn die erforderlichen materiellen Bedingungen dazu nicht vorhanden sind –, wird fanatische und irrationale Führer hervorbringen. Dies war der Fall bei Robespierre und bei Stalin. Aber auch eine Regierung, die versucht, die Interessen der rückständigsten Klasse der Gesellschaft (des Kleinbürgertums) mit denen der wirtschaftlich am weitesten fortgeschrittenen Klassen (Arbeiter und Geschäftsleute) in Einklang zu bringen, wie das die nationalsozialistische Regierung tat, wird ebenfalls fanatische und irrationale Führer hervorbringen. Die heutige Sowjetunion ist auf dem Weg, ihre wirtschaftlichen Probleme erfolgreich zu lösen, daher ist es nicht verwunderlich, daß ihre Führer realistische Männer mit gesundem Menschenverstand sind.

Die Frage nach der geistigen Gesundheit des Volkes und seiner Führer führt uns zu einer anderen Erwägung, die uns ebenso betrifft wie die Russen. Bei der gegenwärtigen Diskussion über die Rüstungskontrolle gründen sich viele Argumente auf die Frage, was *möglich* und nicht darauf, was *wahrscheinlich* ist. Der Unterschied zwischen diesen beiden Denkweisen entspricht genau dem Unterschied zwischen einem *paranoiden* und einem *gesunden* Denken. Die unerschütterliche Überzeugung des Paranoikers von der Richtigkeit seiner Wahnvorstellungen beruht darauf, daß sie logisch möglich und daher unangreifbar seien. Es ist logisch möglich, daß seine Frau, seine Kinder und Kollegen ihn hassen und sich verschworen haben, ihn umzubringen. Man kann einen solchen Patienten nicht davon überzeugen, daß seine Wahnvorstellung *unmöglich* ist; man kann ihm nur sagen, daß sie äußerst *unwahrscheinlich* ist. Während letztere Einstellung eine Überprüfung und Bewertung der Tatsachen und außerdem Vertrauen zum Leben erfordert, gibt sich der Paranoiker mit der bloßen Möglichkeit zufrieden. Ich behaupte, daß unser politisches Denken unter derartigen paranoiden Tendenzen leidet. Wir sollten uns nicht mit dem beschäftigen, was möglich ist, sondern lieber mit dem, was wahrscheinlich ist. Es ist dies die einzig vernünftige und realistische Möglichkeit, unsere nationalen wie auch unsere persönlichen Angelegenheiten zu betreiben.

Ebenfalls auf der psychologischen Ebene liegen weitere Mißverständnisse in bezug auf die radikale Abrüstung, welche bei vielen Diskussionen vorgebracht werden. Vor allem faßt man das Eintreten für eine einseitige Abrüstung als Unterwerfung und Resignation auf. Ganz im Gegenteil aber glauben die Pazifisten wie auch die humanistischen Pragmatiker, daß die einseitige Abrüstung nur möglich ist, wenn wir selbst eine tiefgehende geistige und moralische Wandlung durchmachen: Sie ist ein Akt des Mutes und des Widerstandes – nicht der Feigheit und Unterwerfung. Die Formen des Widerstandes unterscheiden sich je nach dem Standpunkt derer, die dafür eintreten. So treten zum Beispiel die Anhänger Gandhis und Männer wie King-Hall für den gewaltlosen Widerstand ein, was zweifellos ein Höchstmaß an Mut und Glauben verlangt; sie berufen sich auf das Beispiel des indischen Widerstandes gegen Großbritannien

oder auf den Widerstand der Norweger gegen die Nationalsozialisten. Dieser Standpunkt kommt in ›Speak Truth to Power‹ (American Friends Service Committee, 1955, S. 52 und 65) sehr deutlich zum Ausdruck:
»So distanzieren wir uns von der im Grunde egoistischen Einstellung, die man fälschlich Pazifismus genannt hat, die man aber besser als eine Art von unverantwortlichem Antimilitarismus bezeichnen könnte. Wir distanzieren uns auch vom Utopismus. Wenn auch das Bekenntnis zur Gewaltlosigkeit eine radikale Veränderung im Menschen voraussetzt, so verlangt sie von ihm doch nicht, daß er vollkommen sei . . . Wir versuchten, klarzustellen, daß die Bereitschaft, Leiden auf sich zu nehmen – lieber als anderen Leiden zuzufügen – das Wesen eines gewaltlosen Lebens ausmacht und daß wir bereit sein müssen, wenn das höchste Opfer von uns gefordert wird. Wenn die Menschen willens sind, für einen Krieg Milliarden auszugeben und zahllose Menschenleben zu opfern, dann können sie Gewaltlosigkeit nicht damit abtun, daß sie sagen, auch in einem gewaltlosen Kampf könnten Menschen getötet werden. Es ist auch selbstverständlich, daß dort, wo Hingabe und Bereitschaft, Opfer zu bringen, fehlen, der gewaltlose Widerstand nichts erreichen kann. Ganz im Gegenteil verlangt er eine größere Disziplin, ein härteres Training und mehr Mut als sein gewaltsames Gegenstück.«

Manche denken an bewaffneten Widerstand von Männern und Frauen, die ihr Leben und ihre Freiheit mit Gewehren, Pistolen und Messern verteidigen. Es ist jedenfalls realistischer zu glauben, daß beide Formen des Widerstandes, der gewaltlose und der gewaltsame, einen Angreifer davon abhalten könnten anzugreifen, als zu glauben, daß ein Atomkrieg zum »Sieg der Demokratie« führen könnte.

Die Befürworter der »Sicherheit durch Rüstung« werfen uns gelegentlich vor, wir machten uns ein unrealistisches, flach optimistisches Bild vom Wesen des Menschen. Sie erinnern uns daran, daß dieses »perverse menschliche Wesen eine dunkle, unlogische, irrationale Seite« (P. B. Young, 1959, S. 33) besitzt. Sie gehen sogar so weit und sagen, »das Paradoxon der nuklearen Abschreckung sei eine Variante des grundsätzlichen christlichen Paradoxons. Um zu *leben,* müßten wir bereit und willens sein zu töten und zu sterben« (a. a. O.). Abgesehen davon, daß dies eine grobe Verfälschung der christlichen Lehre ist, vergessen wir keineswegs das Potential des Bösen im Menschen und den tragischen Aspekt des Lebens. Es gibt tatsächlich Situationen, in denen der Mensch bereit sein muß zu sterben, um zu leben. Ich kann es durchaus als ein tragisches Opfer ansehen, wenn jemand es für notwendig hält, sein Leben zu opfern, indem er gewaltsamen oder gewaltlosen Widerstand leistet. Aber Unverantwortlichkeit und Leichtsinn haben mit einem tragischen Opfer nichts zu tun: Der Gedanke, die Menschheit und die Zivilisation zu opfern, hat weder Sinn noch Würde. Der Mensch hat ein Potential zum Bösen in sich; seine ganze Existenz ist voller Dichotomien, die auf den Bedingungen seiner Existenz beruhen. Aber man sollte diese echten tragischen Aspekte nicht mit den Folgen von Torheit und mit dem Mangel an Vorstellungskraft und der Bereitschaft verwechseln, die Zukunft der Menschheit aufs Spiel zu setzen.

Der letzte Einwand gegen die einseitige Abrüstung lautet schließlich, man gehe dabei zu »sanft« mit dem Kommunismus um. Aber unsere Einstellung gründet sich gerade auf die Ablehnung des sowjetischen Prinzips der Allmacht des Staates. Gerade weil die Befürworter der einseitigen Abrüstung so unbedingte Gegner der Allmacht des Staates sind, wollen sie dem Staat nicht eine ständig wachsende Macht zugestehen, die bei einem Wettrüsten unvermeidlich ist. Sie sprechen dem Staat das Recht ab, Entscheidungen zu treffen, die zur Vernichtung eines großen Teils der Menschheit führen und spätere Generationen zum Untergang verdammen können. Wenn der Grundkonflikt zwischen dem Sowjetsystem und der demokratischen Welt die Frage der Verteidigung des einzelnen gegen Übergriffe eines allmächtigen Staates ist, dann steht die Befürwortung einer einseitigen Abrüstung in der Tat im radikalsten Gegensatz zum sowjetischen Prinzip.

Nach der Erörterung aller Gründe, die für eine einseitige Abrüstung sprechen, möchte ich nochmals auf den praktischen Vorschlag einer schrittweisen Abrüstung zurückkommen. Ich bestreite nicht, daß auch diese eingeschränkte Form einer einseitigen Aktion Risiken mit sich bringt. Angesichts der Tatsache aber, daß unsere gegenwärtigen Verhandlungsmethoden noch keine Resultate erbracht haben und die Chance, daß sie in Zukunft erfolgreicher sein werden, recht gering ist, und angesichts der ernsten Gefahr, die eine Fortsetzung des Wettrüstens mit sich bringen würde, glaube ich doch, daß es praktisch und moralisch gerechtfertigt ist, dieses Risiko einzugehen. Im Augenblick sind wir in einer Situation festgefahren, in der wir nur noch wenig Überlebenschancen haben, wenn wir nicht zu Hoffnungen unsere Zuflucht nehmen. *Wenn* wir genügend Schutzräume haben, *wenn* uns genügend Zeit zur Vorwarnung und strategischen Evakuierung unserer Städte bleibt, *wenn* die »aktiven Angriffs- und Verteidigungsstreitkräfte der Vereinigten Staaten in kurzer Zeit die militärische Situation unter Kontrolle bekommen« (H. Kahn, 1958, S. 13), dann werden vielleicht nur fünf oder fünfundzwanzig oder siebzig Millionen Menschen getötet. Wenn dies jedoch nicht gelingt, »könnte ein Feind durch wiederholtes Zuschlagen fast jede Zahl von Toten und jedes gewünschte Maß an Vernichtung erreichen« (a. a. O.). (Ich vermute, daß die gleiche Gefahr auch für die Sowjetunion gilt.) In einer solchen Situation, »in der die Völker vielleicht vor der letzten Möglichkeit stehen, eine Übereinkunft zu treffen, die dem Risiko eines entsetzlichen Krieges ein Ende machen könnte, der von Fanatikern, Wahnsinnigen oder vom Ehrgeiz Besessenen ausgelöst werden könnte« (de Gaulle in einer Ansprache im April 1960), ist es unbedingt notwendig, daß wir unsere übliche Trägheit des Denkens abschütteln, nach neuen Wegen suchen, um das Problem zu lösen, und daß wir vor allem nach neuen Alternativen zu denen suchen, mit denen wir uns gegenwärtig konfrontiert sehen.

Es gibt wenige Dinge in der Welt, über die so viel geredet, so viel geschwindelt und auch so viel verhandelt wird, wie über den Frieden. Von dieser Feststellung sollte jede Diskussion des theoretischen Problems ausgehen. Es ist deshalb um so mehr zu begrüßen, daß die Veranstalter dieses Gesprächs eine Möglichkeit gegeben haben, »den Frieden« frei von Klischees und der Angst vor Tabus zu beleuchten.

Wenn ich nun zunächst über die *Theorie* des Friedens spreche, so lautet die erste Frage: Was ist Friede? Das Wort »Friede« wird ja in einem doppelten Sinne gebraucht: einmal im Sinne von Nicht-Krieg oder Nicht-Anwendung von Gewalt zur Erreichung gewisser Ziele; das wäre die *negative* Definition. Seiner *positiven* Definition nach ist dagegen Friede ein Zustand der brüderlichen Harmonie aller Menschen.

Zunächst ein Wort zur zweiten Definition. Sie hat ihren ersten und wohl auch großartigsten Ausdruck in dem prophetischen Konzept der »Messianischen Zeit« gefunden, der Zeit, in der die Menschen miteinander und – das ist wichtig – auch mit der Natur in Harmonie leben, und zwar nicht nur in einem Zustand des Nicht-Angreifens, der Nicht-Gewalt, sondern auch sehr ausdrücklich in einem Zustande der Nicht-Angst, also einem Zustand, den man nur als den der höchsten Entwicklung des Menschen bezeichnen kann: den der vollen Entfaltung seiner Vernunft und seiner Liebesfähigkeit. Sogar das hebräische Wort, das im Alten Testament für Friede gebraucht wird, »Schalom«, drückt das aus: es heißt Ganzheit, Harmonie, Vollheit.

Es gibt immer noch viele Menschen, die an die reale Möglichkeit dieses Friedens glauben, und es gibt viele andere, die diese Menschen Utopisten nennen. Es kommt darauf an, was man unter »Utopist« versteht. Wer trifft hier eigentlich die Entscheidung? Es ist ja leicht, einen anderen einen Utopisten zu nennen. So gibt es auch viele Menschen, die sich Realisten nennen, nur weil sie das Motto haben: »Es kann nicht sein, was noch nicht war.« Dieses Motto ist in seiner Falschheit in der

Geschichte schon zur Genüge bewiesen worden. Vielleicht kann man es auch so sagen: Es gibt viele Menschen – wenn ich mich bildhaft ausdrücken darf –, die an eine Geburt erst im neunten, aber noch nicht im ersten Monat der Schwangerschaft glauben. Ich möchte diese Realisten die »Neun-Monate-Realisten« nennen. In Wirklichkeit ist über das, was eine »rationale« oder eine »irrationale« Utopie ist, nur durch die Analyse dessen, was Hegel die realen Möglichkeiten genannt hat, zu entscheiden. Und diese Analyse ist in der Tat sehr viel schwieriger als das Sichverlassen auf den Status quo und auf die Vergangenheit.

Natürlich ist der Begriff des positiven Friedens in diesem Sinne nicht bei den Propheten stehengeblieben. Er ist weitergeführt worden, zum Teil in der christlichen Geschichte, zum Teil in den revolutionären christlichen Sekten und Bewegungen. In säkularer Form hat er seinen Ausdruck in der Theorie von Karl Marx gefunden. Damit meine ich die Theorie von Marx und nicht das, was als »Marxismus« von denen dargestellt worden ist, die das Gegenteil im Auge haben.

Zur *negativen* Theorie des Friedens ist zu sagen, daß diese wohl die übliche ist. Wenn heute von Frieden gesprochen wird, denkt man im allgemeinen nicht an den Zustand der harmonischen Solidarität der Menschen, nicht an die Vollentwicklung des Menschen in seelischer Hinsicht, sondern an Nicht-Krieg. Und da sind schon immer verschiedene Wege gezeigt worden, die zu dieser Art Frieden führen. Es gibt den politischen einer überstaatlichen Autorität, die durch ihre Gewalt dafür sorgen wird, daß keine Nation einen Krieg beginnen kann: das geht von Dantes Universalstaat bis zu den Vereinten Nationen oder der Idee einer Weltregierung; es gibt den ökonomischen Weg: das geht von der Idee des Freihandels als Basis des Friedens bis zur Fichteschen Idee des geschlossenen Handelsstaates als Basis des Friedens; oder rein politische: von Wilsons Idee, daß der Krieg die Demokratie sichern würde bis zum Sowjetanspruch, daß der Sowjetsozialismus den Frieden garantieren könne. Militärisch gesehen ist das »Gleichgewicht des Schreckens« heute nur die Fortsetzung der älteren Idee des »Gleichgewichts der Macht«, die davon ausgeht – und das ist ein ganz wesentliches Moment –, daß der Mensch rational handelt und daß er, solange es gegen sein wohlverstandenes Interesse ist, Gewalt zu gebrauchen, aus seiner Rationalität heraus diese Gewalt auch nicht gebrauchen wird. Das finden wir schon im 18. Jahrhundert, wir finden es auch heute bei denen, die Kriegsspiele veranstalten, um herauszufinden, wie die Sowjetunion und Amerika sich im Falle eines atomaren Krieges verhalten werden, und die in einer merkwürdigen Weise mit der Rationalität beider Seiten als Grundlage ihrer Friedenskalkulation rechnen. Haben diese Garantien des Friedens oder diese Bedingungen für den negativen Frieden bis jetzt Erfolg gehabt? Offensichtlich nicht.

Mit der Möglichkeit eines atomaren Krieges ist ein ganz neues Moment hinzugekommen.

Zum ersten Mal hat die Gewalt ihre Rationalität verloren. Unter »Rationalität« verstehe ich die Anwendung von Mitteln, die zur Erreichung bestimmter Zwecke geeignet sind. Zum ersten Mal in der Geschichte kann selbst der siegreiche Krieg jene Ziele, zu deren Erreichung man Kriegsmittel benützt, nicht mehr sichern, weil er in der Selbstzerstörung endet. Auch hier sagen uns viele Spezialisten: »Das ist ja gar nicht so: In Amerika werden nur 100 Millionen Menschen in den ersten paar Tagen umkommen, und nach ein paar Jahren wird die Wirtschaft wieder wie neu sein. Das heißt, daß die Gewalt ihre Rationalität nicht verloren hat.« Ich glaube, die so denken, sind auch »Neun-Monate-Realisten«. Sie vergessen, daß es sich hier nicht nur um die Zerstörung von 80 oder 120 Millionen Menschen handelt, sondern um die Zerstörung der gesamten sozialen, moralischen und menschlichen Struktur einer Gesellschaft; und es läßt sich überhaupt nicht voraussehen, welche weiteren Konsequenzen an Barbarei, an Verrücktheit sie »im besten Falle« mit sich bringt. Immerhin: So viel Wirkung hat das Gleichgewicht des Schreckens in den letzten zwanzig Jahren scheinbar gehabt.

Ich sage »scheinbar«, weil ich glaube, daß für eine gewisse Zeit die Einsicht in die selbstmörderische Funktion des nuklearen Krieges ein bremsender, rationaler Faktor sein kann. Aber nicht auf die Dauer; die Kuba-Krise hat ja bewiesen, daß rationale Erwägungen auf beiden Seiten zwar die Katastrophe verhindert haben; aber niemand, der die Vorgänge dieser 13 Tage im einzelnen verfolgt hat, kann sich der Tatsache verschließen, daß es auch hätte anders kommen können (und dasselbe hat wohl sein Gegenbild in den Sowjet-Entschlüssen während der Krise) und daß eine erhebliche Möglichkeit einer totalen Katastrophe bestand. Je länger der Rüstungswettbewerb dauert, je größer die Möglichkeit eines technologischen Durchbruchs im Feld der Rüstung ist, je mehr die gegenseitige Angst vor dem Angriff des anderen wächst, desto weniger wird die Irrationalität des nuklearen Krieges ein Schutz gegen gesellschaftliche und seelische Irrationalität sein.

Nichtsdestoweniger ist es notwendig, daß sich die Friedenskämpfer keine Illusionen über die Rationalität der Gewalt (wenn auch nicht der nuklearen) machen. Manchmal wird das Beispiel von Gandhi als Beweis dafür angeführt, daß auch die größte Gewalt an einem passiven Widerstand scheitert. Wenn die Japaner Indien erobert hätten, wäre wahrscheinlich die Kampagne Gandhis anders verlaufen, als sie unter englischer Herrschaft verlief. In der Tat, die Gewalt (und der größte Teil aller menschlichen Geschichte war und ist auf der Gewalt aufgebaut, entweder manifest oder als Drohung) kann fast alles mit dem Menschen machen. Aber es ist wichtig zu sehen, daß sie nur *fast* alles kann. Sie kann mit einigen Menschen nicht das machen, was sie will; ihre seelische Struktur, ihre Überzeugungen kann sie nicht ändern; und mit allen Menschen kann sie nur machen, was sie will, wenn sie gewisse, sehr schädliche Nebenerscheinungen in Kauf nimmt: die Nebenerscheinungen der Verdummung, der Lähmung der Vitalität und Einbildungskraft, ja der gesamten schöpferischen Potenz des Menschen. In vielen Fällen sind freilich jene, die Gewalt ausüben, gar nicht daran interessiert, daß diese Folgen nicht eintreten. Im geschichtlichen Prozeß allerdings bleiben diese Folgen von großer Wichtigkeit.

Um zum Thema der gegenwärtigen Kriegsgefahr zurückzukommen: Im Hinblick auf einen atomaren Krieg sind wir derzeit in der Lage eines Schachspielers, der in wenigen Zügen mattgesetzt sein wird, der aber noch eine kleine Chance hat, die Partie zu einem Remis zu bringen. Aber über das will ich später sprechen, wenn von der Strategie des Friedens die Rede sein wird. Im Augenblick geht es um die *Theorie* des Friedens, und da liegt die Überlegung nahe, daß die Theorie des Friedens eine

Theorie des Menschen, eine Theorie der Gesellschaft und eine Theorie der Wechselwirkung zwischen Mensch und Gesellschaft erfordert, und zwar eine dynamische Theorie, die sowohl von den sichtbaren als auch von den noch nicht manifesten Kräften handelt, die im Menschen wie in der Gesellschaft wirken.

Bezüglich der Theorie des Menschen will ich vor allem über die Rolle der Aggressivität des Menschen sprechen, die ja häufig als ein Hauptgrund dafür zitiert wird, daß Kriege auf die Dauer unvermeidlich sind. Da ich über dieses Thema in den letzten Jahren viel gearbeitet habe, möchte ich darüber etwas ausführlicher sprechen. Zunächst einmal ist zu sagen, daß in der gesamten Literatur die Begriffe »Aggressivität«, »Destruktivität«, »Feindseligkeit« so vermischt werden, daß viele der diesbezüglichen Behauptungen und Theorien überhaupt keinen Sinn haben. Wenn man von der Aggressivität des Kindes spricht, das etwas will und deshalb schreit, oder von der Aggressivität des Menschen, der sein Ziel verfolgt, und diese »Aggressivität« nicht von der Destruktivität des Menschen, der zerstören oder quälen will, unterscheidet, kann man natürlich überhaupt keine Theorie formulieren, denn man spricht von vollkommen verschiedenen und zum Teil auch entgegengesetzten Phänomenen; da sie entgegengesetzt sind, können sie auch nicht auf eine und dieselbe Ursache zurückgeführt werden.

Ich möchte nun über eine Reihe von Begriffen der *Aggressivität* sprechen, die man meiner Meinung nach nützlicherweise unterscheiden sollte. Zunächst einmal sollen wir nicht vergessen, daß es eine Aggressivität gibt, die gar nicht psychologisch ist, sondern die nur eine Aggressivität der Aktion ist. Es gibt Menschen, die zerstören, ohne daß sie einen »Zerstörungstrieb« haben oder psychologisch daran interessiert sind, zu zerstören; sie folgen Befehlen und zerstören mit derselben Haltung, mit der sie auch aufbauen würden. Dies geht heute um so leichter, als ein großer Teil der Zerstörung ja so weit vom Objekt entfernt ist, daß es dem Menschen erspart bleibt, zu sehen, was er tut. Ich nenne diese Art von Aggressivität »Organisationsaggressivität« und meine damit den Menschen, der zerstört, weil er gehorcht und nur das tut, was man ihm sagt, und der ebenso zerstört wie er aufbaut, wenn er die entsprechenden

Befehle bekommt. Hier wäre allerdings noch ein psychologisches Faktum zu untersuchen: nämlich die Abwesenheit von Reaktionen gegenüber dem zerstörerischen Akt. Das ist jedoch ein anderes Problem. Wie dem auch sei: der Mensch dieses Typs von Aggression ist nicht vom Wunsch zu zerstören getrieben.

Der wichtigste Begriff vielleicht, der in der Diskussion immer wieder auftaucht und der in den letzten Jahren ganz besonders durch das Werk von Konrad Lorenz und eine Reihe anderer Autoren an Bedeutung gewonnen hat, ist die Idee eines *Destruktionstriebes* an sich, eines zerstörerischen Triebes, der im Menschen liegt oder eines Instinktes, der dem Menschen »angeboren« ist und der von vielen in einer Analogie zum Sexualtrieb gesehen wird. Es scheint mir wichtig, zunächst den Triebbegriff, von dem hier die Rede ist, zu definieren: als eine spontan entstehende und wachsende Erregungsquantität, die zu ihrem Ziel die Zerstörung von Objekten hat, die sich immer mehr steigert und – auch wenn sie kontrolliert wird – schließlich zu einer Explosion führen muß. In dieser Theorie sucht der Mensch Objekte, die ihm erlauben, seinen Destruktionstrieb zu befriedigen, so wie er in der Sphäre der Sexualität Objekte sucht, die ihm erlauben, seine Sexualtriebe zu befriedigen. Das ist mehr oder weniger die Theorie, die Konrad Lorenz vertritt, obwohl das einigen anderen seiner Thesen widerspricht – ein komplizierter Widerspruch, auf den ich jetzt nicht eingehen kann; es handelt sich hier in gewisser Weise um dieselbe Idee, die man bei Freud in seiner Theorie des Todestriebes findet, obwohl dort derartige Widersprüche zwischen der Theorie vom Lebens- und Todestrieb und seiner ursprünglichen Triebtheorie vorliegen, daß es sehr schwer ist, ohne eine genaue Analyse beider Theorien überhaupt über die Freudsche Aggressivitätstheorie und Destruktivitätstheorie zu sprechen. Lorenz hat es einmal in einer sehr einfachen Weise gesagt: Aggressivität entsteht nicht, weil es gegnerische politische Parteien gibt, sondern es gibt politische Parteien, weil es Destruktivität gibt. Der Mensch schafft sich die Verhältnisse, in denen er seine ihm innewohnende und sich immer wieder steigernde Destruktivität befriedigen kann. Meines Erachtens kann man zeigen, daß die Annahme von einem der Sexualität analogen Destruktionstrieb unhaltbar ist. Ich habe nicht die Zeit, diesen Beweis hier zu führen. Neurophysiologische Studien besonders der letzten Jahre weisen darauf hin. Ich möchte nur die Forschungen eines der bedeutendsten, kürzlich verstorbenen Neurophysiologen, Hernandez Péon, erwähnen, der gezeigt hat, daß – wie viele andere Mechanismen – auch die Aggressivität ein erregendes und ein hemmendes Zentrum hat. Das heißt, daß niemals eine spontane Selbsterregung und eine sich steigernde Erregung stattfinden wie in dem hydraulischen Modell von Freud oder Lorenz.

Man kann auf Grund anthropologischen und psychologischen Materials zeigen, daß der Grad der Destruktivität von Mensch zu Mensch verschieden ist, so daß es unmöglich erscheint, einen allgemeinen Destruktivitätstrieb anzunehmen, der als solcher dem Menschen innewohnt. Was den Freudschen Todestrieb anlangt, so müßte folgendes bedacht werden: Nach Freud muß natürlich der Todestrieb nicht nur beim Menschen, sondern auch beim Tier da sein; denn da er ein biologisch gegebener Faktor ist, liegt er aller lebendigen Substanz, allem Leben zugrunde. Auf Grund des gesamten Materials über Tiere gibt es jedoch nicht den geringsten Anlaß für die Annahme, daß jene Tiere, die nach außen weniger aggressiv sind, früher sterben, früher erkranken oder gar Selbstmord begehen – was es bei Tieren sowieso nicht gibt – als die aggressiveren Tiere. Das heißt, das Tier-Material selbst würde schon beweisen, daß die Theorie des Todestriebes als eine allem Lebendigen normalerweise innewohnende Tendenz nicht haltbar ist.

Die Diskussion über die Frage eines eingeborenen oder instinktiven Destruktionstriebes spitzt sich oft zu folgender Alternative zu: Auf der einen Seite stehen Forscher wie Freud, Lorenz und andere, die sagen: ja, es gibt diese instinktive Destruktivität; und auf der anderen Seite stehen viele, besonders amerikanische Forscher, die sagen: nein, das gibt es überhaupt nicht, die Destruktivität ist immer nur die Folge der Frustration, oder sie ist gelernt; auf alle Fälle ist sie nichts, was nicht einfach auch aus Einflüssen der Gesellschaft und der Umwelt erklärt werden kann, und sie ist nichts, was im Organismus des Menschen selbst begründet liegt. Die letztere Position ist auch unhaltbar, denn wir wissen, daß es in der Tat im Gehirn Zentren gibt, die – wenn sie gereizt, z. B. elektrisch stimuliert werden – tatsächlich Aggressionsreaktionen hervorrufen. Wir wissen, daß das Tier, wenn es sich in vitalen Interessen bedroht fühlt, tatsächlich mit Angriff und Aggression reagiert. Ich glaube, daß es eine andere Lösung des Dilemmas gibt: entweder angeborener Destruktionstrieb oder nur gelernte oder aus der Umgebung erzeugte Destruktivität. Diese Lösung besteht in der Annahme, daß in der menschlichen Physiologie eine *Bereitschaft* zur Aggression vorliegt, die aber nicht – und das ist der Unterschied zu der anderen Theorie – spontan und ständig wachsend von selbst wirkt wie die Sexualität, sondern die erst mobilisiert werden muß durch bestimmte Stimuli; wenn diese Stimuli nicht vorhanden sind, entsteht Aggressivität gar nicht, weil sie immer in Schach gehalten wird von der gleichzeitig wirkenden Hemmungstendenz, die – neurophysiologisch gesehen – ihr eigenes Hirnzentrum hat. Das heißt also auch, daß es keinen Destruktionstrieb gibt, der ständig kontrolliert werden muß, sondern eine Destruktionsbereitschaft, die ständig bereit ist, auf bestimmte Anlässe zu reagieren. Und was sind diese Anlässe? Allgemein gesprochen entstehen diese Anlässe im wesentlichen, wenn vitale Interessen des Tieres und auch des Menschen bedroht werden. Vitale Interessen sind beim Tier das Leben – auch das Leben der Gattung –, die Sorge für die Jungen, der Zugang zu Tieren des anderen Geschlechts und zu den Quellen der Ernährung (in einem weiteren Sinn auch der Zugang zu einem bestimmten Territorium, was ja in vieler Hinsicht aufs engste verknüpft ist mit der Ernährung, dem Schutz der Jungen usw.). Wenn diese vitalen Interessen bedroht sind, dann wird eine physiologisch vorbedingte Reaktion aktualisiert, die zum Angriff führt. Wenn sie nicht bedroht sind, ist von einem Destruktionstrieb, der als solcher spontan wirkt, nicht die Rede.

Was nun die menschliche und tierische Aggression anlangt, so scheint mir wie auch vielen anderen Psychologen, daß Lorenz, der sehr Großes auf dem Gebiet der Tierforschung geleistet hat, in seinem Buch über die Aggression (1963) sehr oberflächlich war in bezug auf das, was er über den Menschen gesagt hat. Es kann davon ausgegangen werden, daß in der Tat das Tier im wesentlichen nur aus Notwendigkeit tötet und ohne

Grausamkeit. Mit »Grausamkeit« meine ich hier: ohne Lust an der Zerstörung. Tierpsychologen haben viel Material beigebracht, um diese Annahme zu erhärten. (Es ist zum Beispiel sehr selten, daß im Kampf zwischen Tieren der gleichen Gattung das unterlegene Tier sein Leben verliert.) Das Tier reagiert auf eine Bedrohung vitaler Interessen in einem ganz besonderen Sinn, nämlich nur dann, wenn diese Bedrohung eine unmittelbare ist. Und hier liegt schon einer der Unterschiede zur menschlichen Reaktion, auf die ich gleich zu sprechen kommen werde. Der Mensch ist ohne jeden Zweifel viel aggressiver und destruktiver als das Tier. Das ist von vielen Forschern festgestellt worden, auch von solchen, die zur Schule von Lorenz gehören. Tatsache ist, daß wir, wenn die Menschen nur über die Aggressivität und Destruktivität der Affen oder der Schimpansen verfügten, eine recht friedliche Welt hätten; Tatsache ist aber auch, daß dem nicht so ist.

Warum ist nun die *reaktive Aggressivität* des Menschen – reaktiv auf die Bedrohung vitaler Interessen – um so viel größer als die des Tieres? Die Erklärung ist nicht schwer. Die Tatsache, daß der Mensch Bewußtsein hat, die Tatsache der Entwicklung seines neuen Hirns gibt ihm Möglichkeiten, die das Tier nicht hat. Erstens: Der Mensch sieht voraus, daher kann er Gefahren sehen, die in der Gegenwart nicht vorhanden sind, aber in der Zukunft möglicherweise entstehen können. Er fühlt sich also, anders als das Tier, nicht nur durch *unmittelbare* Gefahr, sondern auch durch voraussehbare *künftige Gefahr* bedroht. Zweitens: Der Mensch schafft Symbole und Werte, die für ihn identisch werden mit seinem Selbst, mit seiner ganzen Existenz. Angriffe auf diese Symbole und Werte sind Angriffe auf vitale Interessen, die es beim Tier in dieser Sphäre natürlich nicht gibt. Drittens: Der Mensch schafft sich Götzen, an die er versklavt ist, ohne die er aber auf einem bestimmten Stand der Entwicklung nicht leben kann, ohne verrückt zu werden oder innerlich zusammenzubrechen. Die Versklavung an die Götzen auf einer bestimmten Stufe ist die Bedingung seines seelischen Gleichgewichts. Jeder Angriff auf diese Götzen wird als Angriff auf seine vitalen Interessen empfunden.

Dabei ist nicht nur an das zu denken, was wir im Alten Testament gewöhnlich Götzen nennen, nämlich an den Moloch und die Astarte, oder an die aztekischen Götzen der mexikanischen Religion, sondern an die Götzen, die wir heute anbeten, die Götzen von Ideologien, die Götzen der Staatssouveränität, der Nation, der Rasse, der Religion, der Freiheit, des Sozialismus, der Demokratie, des maximalen Konsums, der Organisation usw. Alles das wird vergötzt, alles das wird zu etwas, was vom Menschen getrennt wird und dann wichtiger ist und höheren Wert hat als der Mensch selbst. Solange die Menschen Götzen anbeten, so lange empfinden sie den Angriff auf diese Götzen als eine Bedrohung ihrer vitalen Interessen. Es gibt vielleicht keine Bedrohung, die mehr Feindseligkeit und Destruktivität in der Geschichte des Menschen hervorgerufen hat, als die Bedrohung seiner Götzen; nur daß sich die Menschen immer darüber täuschen, indem sie glauben, die eigenen Götzen seien die wahren Götter, und die Götter der andern seien die wahren Götzen. Aber diese Täuschung ändert nichts an der Tatsache, daß die Bedrohung der Götzen eine der Haupttriebfedern der Mobilisierung menschlicher Aggressivität ist. Viertens schließlich gibt es die Überredbarkeit, die Suggestibilität des Menschen. Man kann dem Menschen einreden, daß seine vitalen Interessen bedroht sind, obwohl sie es gar nicht sind. Man kann sein Gehirn waschen – so nennt man's, wenn man vom Gegner spricht –, oder ihn »erziehen«, so nennt man's, wenn man von sich selbst spricht. Ob nun die vitalen Interessen des Menschen in Wirklichkeit bedroht sind, oder ob er sich suggerieren läßt, daß sie bedroht sind: subjektiv ist die Reaktion dieselbe. Diese reaktive Destruktivität oder Aggressivität des Menschen ist im Prinzip zwar dieselbe wie die des Tieres, sie ist aber aus den Gründen, die ich eben erwähnt habe, ungeheuer viel weiter und tiefer gehend als die des Tieres. Es ist klar, daß das wirkliche Problem für diesen Typ der reaktiven Aggressivität nicht der Destruktionstrieb ist; ganz im Gegenteil. Die Behauptung eines Destruktionstriebs hat heute eine im wesentlichen verschleiernde Funktion. Sie verschleiert die Untersuchung aller jener Faktoren, die in Wirklichkeit die menschliche Aggressivität vermehren. Die wirklichen psychologischen Probleme sind hier: das Problem der Abhängigkeit des Menschen von seinen Götzen, der Mangel an kritischer Haltung, die Suggestibilität, und alles das ist verknüpft mit einem Mangel an voller seelischer

Entwicklung beim Menschen. Alle diese Faktoren aber sind ihrerseits das Resultat der bisherigen Gesellschaftsstrukturen, die (mit Ausnahme einiger primitiver Gesellschaften) auf dem Prinzip der Ausbeutung und der Gewalt beruht haben und noch beruhen und wegen der Unentwickeltheit der Produktionskräfte auch beruhen mußten. Der Mensch hat in seiner bisherigen Geschichte immer in Gefangenschaft gelebt, und alle Versuche, die Natur des Menschen aus den bisherigen Verhältnissen zu erkennen, sind nicht sehr verschieden vom Studium bestimmter Tierarten im Zoo. (Es ist bekannt, daß viele Tiere in der Gefangenschaft aggressive Züge zeigen, die unter den Bedingungen der Freiheit fehlen. Ironischerweise hat man seit einiger Zeit schon damit begonnen, Tiere in der Freiheit zu studieren, was beim Menschen noch nicht möglich ist.)

Den zweiten Typ der Destruktivität, der ganz anderer Art als die reaktive Aggressivität und spezifisch menschlich ist, möchte ich die *sadistisch-grausame Destruktivität* nennen. Sie ist nicht primär sexuell, kann aber unter anderem auch in der Sexualität ihren Ausdruck finden. Ihr Ziel ist das Erlebnis der Allmacht über Menschen und Dinge, das sich in der absoluten Kontrolle über Menschen und Dinge bis zur Zerstörung, zur Quälerei und Tortur ausdrückt. Dieses Erlebnis des Allmachtsgefühls wird nur verständlich, wenn man seine Wurzeln versteht, nämlich das Gefühl der Ohnmacht, das die meisten Menschen in der bisherigen Geschichte hatten. Dieses Gefühl muß nicht bewußt sein, denn es gibt genügend Mittel, sich darüber zu täuschen, da es unbequem ist, sich bewußt ohnmächtig zu fühlen. Offenbar will der Mensch, wenn er sich ohnmächtig fühlt, Lebendiges zu schaffen, wenigstens das Lebendige zerstören. Denn die Zerstörung des Lebendigen ist fast ein ebenso großes Wunder wie die Schaffung des Lebendigen, nur daß die Schaffung der Anstrengung, der Disziplin, der Begabung, der Anwendung aller menschlicher Fähigkeiten bedarf und die Zerstörung heute nur einer Waffe oder in der Vergangenheit starker Hände und Fäuste. Deshalb finden wir immer wieder in den von der Möglichkeit aktiven schöpferischen Erlebens am meisten getrennten Individuen und Gesellschaftsklassen – z. B. beim Kleinbürgertum in Deutschland vor Hitler oder in den gesellschaftlich ähnlichen weißen Schichten in den amerikanischen Südstaaten –, daß Menschen, die auf Grund ihrer realen Situation am ärmsten an Freude oder Schöpferkraft sind, auch häufiger als in anderen Schichten diese sadistische Destruktivität zeigen. Auch wenn es nur eine Stunde oder zehn Minuten dauert, so ist das Erlebnis der vollkommenen Allmacht, der Sprengung aller Grenzen der menschlichen Existenz, des »Gott-Seins« für den, der in seiner sozialen Existenz und in seinem eigenen Gefühl nichts ist als ein Wurm, doch etwas, für das es sich vielen Menschen lohnt, zu sterben. Dies ist der Grund, warum bei diesem Typ die Drohung mit dem Tod gar nicht wirkt: weil das Erlebnis es wert ist, daß man dafür stirbt. Wenn ein Mensch in Wirklichkeit unbeschränkte Machtfülle hat, beginnt er verrückt zu werden. Das meine ich gar nicht symbolisch, sondern ganz real. Manchmal werden Halbverrückte ganz verrückt, wenn sie in eine Situation geraten, die sie die Grenzen menschlicher Existenz vergessen läßt. Für einen Einzelmenschen dieses Falles hat Albert Camus in seinem ›Caligula‹ eine sehr schöne und klare Analyse gegeben. Die sadistische Allmachts-, oft auch ekstatische Destruktivität genannt, ist nur dem Menschen eigen. Nirgendwo in der Literatur werden über Tiere solche Züge geschildert. Sie ist dem Menschen eigen aus Gründen, die sich leicht verstehen lassen: aus seinem existentialen Konflikt zwischen seiner Schwäche als Tier und seiner Schwäche als Vernunftswesen mit dem sich daraus ergebenden Ohnmachtsgefühl, das der Mensch transzendieren will.

Eine dritte Art der Destruktivität, über die ich jetzt aus Zeitmangel nur kurz sprechen will, ist die *nekrophile* Destruktivität. Das Wort »nekrophil« ist im allgemeinen für die Perversion des sexuellen Interesses eines Mannes an einer weiblichen Leiche gebraucht worden. Diese Perversion ist relativ selten, aber sie kommt vor. Im charakterologischen Sinn, in dem ich es hier gebrauche, ist es zum erstenmal von Unamuno in seiner berühmten Rede in Salamanca gebraucht worden, sechs Monate vor seinem Tod, in der er auf einen Ruf des Franco-Generals Millán Astray reagierte, dessen Motto »Viva la muerte!« – »Es lebe der Tod!« war. Da sagte Unamuno: »Ich habe eben einen sinnlosen und nekrophilen Ausruf gehört.« »Nekrophil« in dem Sinne, wie er auch von mir hier verwendet wird, meint die Anziehung durch alles, was tot ist, was Verfall, Krankheit,

Nicht-Leben, Nicht-Wachsen und das Nur-Mechanische ist. »Nekrophilie« in diesem Sinne spricht auch aus dem futuristischen Manifest von Marinetti, das schon im Jahre 1907 einen ausgezeichnet klaren Ausdruck für die Anziehung durch die Zerstörung, und durch alles, was mechanisch ist, was nicht lebendig ist, gegeben hat. Im Gegensatz zur Nekrophilie steht, was ich *Biophilie* genannt habe, die besondere Liebe zum Leben; sie ist kennzeichnend für Menschen, die nicht nur leben wollen wie alle, sondern die eine besondere Freude haben an allem, was lebt, was wächst, was Struktur hat, was sich bildet, was nicht mechanisch ist. Es liegt nahe, hier über den Zusammenhang zwischen diesem Begriff der Nekrophilie und der Biophilie mit Freuds Lebens- und Todestrieb zu sprechen. Ich will nur soviel sagen: Für mich liegt der Hauptunterschied darin, daß bei Freud der Todestrieb ein biologisch normaler ist, während für mich das Angezogensein vom Toten – die Nekrophilie – etwas Pathologisches ist. Im übrigen hat in den letzten Jahren eine Reihe von Studien ergeben, daß man die das Tote und den Zerfall liebenden Menschen auch klinisch in Rorschach-Tests, in Träumen und in bestimmten Symptomen sehr klar identifizieren kann. Darüber liegt heute bereits sehr viel Material vor. Ich möchte diese Ausführungen mit der Bemerkung beschließen, daß wir zur Theorie des Friedens eine sehr viel weiter ausgebaute Theorie vom Menschen brauchen, eine humanistisch-dynamische Anthropologie oder – ganz speziell – eine humanistische Psychoanalyse. Was man allerdings unter Psychoanalyse versteht, darüber haben zum Beispiel Herr Marcuse und ich sehr verschiedene Meinungen, aber auf diese Gegensätze hier näher einzugehen, würde im Augenblick viel zu weit führen.

Zur *Theorie der Gesellschaft* möchte ich nur auf einen einzigen Punkt hinweisen, nämlich auf die Tatsache, daß die Gesellschaft in der Periode der zweiten industriellen Revolution ganz bestimmte Bedingungen geschaffen hat, die zur Vermehrung der menschlichen Aggressivität führen. Ich meine hier vor allem die wachsende Trennung zwischen Affekt und Intellekt. Meines Erachtens gehen wir langsam einer Entwicklung milder, aber chronischer Schizophrenie entgegen, die sich genau in dieser Spaltung zwischen Affekt und Denken ausdrückt. Das Resultat ist nicht nur Feindseligkeit, sondern auch Gleichgültigkeit gegenüber dem Leben. Doch die Gleichgültigkeit gegenüber dem Leben ist vielleicht mehr noch als die Destruktivität eine der gefährlichsten Ursachen für die Bereitschaft der Menschen, andere und sich selbst zu zerstören. Sie sollte in der Diskussion über den Frieden nicht leichtgenommen werden.

Ich möchte nur noch ein paar Worte zur *Strategie* des Friedens sagen; ich glaube, daß wir dabei nur von einer Strategie unter den gegebenen gesellschaftlichen Verhältnissen sprechen können. Wir haben zu wenig Zeit, um zu warten, bis der Mensch und die Gesellschaft sich wesentlich verändert haben (und beides geht zusammen). Alles Reden von Revolution in der Industriegesellschaft ist im wesentlichen etwas, das die Menschen, die davon reden, befriedigen mag, aber sonst sinnlos ist, weil ihm keinerlei Realität zugrunde liegt. Wir müssen also davon sprechen, was unter den gegebenen Umständen in den nächsten fünf oder zehn Jahren für den Frieden getan werden kann.

Ich glaube, daß die Chancen für den Frieden sehr gering sind. Aber ich glaube ebensosehr: Sofern es sich um das Leben des einzelnen oder der Gesellschaft handelt, kann man nicht kalkulieren und in Prozenten sprechen, sondern muß man handeln und planen, solange es überhaupt noch eine reale Möglichkeit dafür gibt. Ich glaube also, daß es diese reale Möglichkeit noch gibt, obwohl wir im besten Fall zu einem Remis und zu einer Periode kommen, die uns eine Atempause gibt – für solche Maßnahmen, die zu einem wirklichen Frieden führen können, weil sie auf wirklichen Änderungen im Menschen und in der Gesellschaft beruhen. Nur der Friede im positiven Sinn kann auf Dauer den Frieden im Sinne des Nicht-Krieges garantieren. Solange die bestehenden menschlichen und gesellschaftlichen Kräfteverhältnisse existieren, wird der Friede immer nur ein ganz unsicherer sein und im atomaren Zeitalter werden wir jeden Augenblick der totalen Zerstörung gegenüberstehen. Ich möchte nur einige Elemente der Friedensstrategie – *rebus sic stantibus* – erwähnen.

1. Es muß das Ziel der Friedensstrategie im Gegensatz zur Kriegsstrategie sein – und das ist wesentlich –, die Niederlage des Gegners zu vermeiden. Die Gründe dafür sind einfach, wir

können sie aus den Ereignissen der letzten zehn, zwanzig Jahre ersehen. Wenn man im sogenannten Kalten Krieg oder in der Diplomatie versucht, den Gegnern möglichst viele Niederlagen beizubringen, dann führt das nur zu dem einen Ergebnis, daß sich die Politik des Gegners verhärtet – entweder in der Form, daß eine neue Garnitur von Falken zur Macht kommt, oder daß die Menschen, die bisher friedliche Taktiken hatten, ihre Taktik im Sinne der Falken ändern. Die Idee, daß man für den Frieden arbeitet, wenn man dem Gegner diplomatische Niederlagen beibringt, ist falsch. Das haben im übrigen die Diplomaten und Staatsmänner des 19. Jahrhunderts recht gut gewußt und in vielen Fällen auch danach gehandelt. Heute scheint man sich dessen sehr viel weniger bewußt zu sein. Die einzige Strategie des Friedens ist die Anerkennung der wechselseitigen Interessen, und das heißt – ganz konkret gesprochen – der bestehenden Interessensphären mit der gleichzeitigen Neutralisierung jener Gesellschaften, die außerhalb dieser Interessensphären liegen. Ich muß aber betonen, daß diese Neutralisierung nicht heißt, daß in diesen »neutralisierten« Ländern keine Revolutionen stattfinden dürfen, sondern nur, daß diese Revolutionen nicht das außenpolitische Gleichgewicht verändern, das heißt nicht von den großen Mächten für ihre eigenen außenpolitischen Ziele benutzt werden. Alle diese Ziele sind jedoch ganz ungenügend, wenn nicht ein anderes politisches Ziel hinzukommt.

2. Der Friedensstrategie geht es um die Mobilisierung großer Massen von Menschen für die Idee des Friedens mit dem Ziel, in der öffentlichen Meinung auf die Regierenden in allen Ländern einen Druck gegen den Krieg und für das Ende einer irrsinnigen Kalkulation auszuüben. Das heißt erstens einmal Aufklärung über die Tatsachen, Erziehung zum kritischen Denken, Enthüllung und Entschleierung des Schwindels, der mit den Tatsachen über den Frieden und über die auswärtige Politik getrieben wird. Das haben die Friedensbewegungen bis zu einem gewissen Grad auch recht erfolgreich getan. Die Vereinigten Staaten sind ein Beispiel für den Erfolg des Druckes von Friedensbewegungen auf die öffentliche Meinung in den letzten Jahren, speziell was den Krieg in Vietnam betrifft. Aber auch das ist nicht genug. Es ist nicht genug, nur an den Intellekt und an die Logik der Menschen zu appellieren, man muß an

den ganzen Menschen appellieren, das heißt auch an sein Gefühl. Es gibt heute eine große Zahl von Menschen in der ganzen Welt, die eine tiefe Unzufriedenheit mit dem Stil und der Lebensweise unserer Konsumkultur fühlen. Es ist wichtig, diese oft unbewußte Unzufriedenheit ins Bewußtsein zu bringen. (Es war vielleicht eines der entscheidenden Momente in der McCarthy-Kampagne, daß McCarthy tatsächlich diese Unzufriedenheit mobilisiert hat und daß sich herausgestellt hat, daß sie in ganz weiten Schichten der Vereinigten Staaten besteht.) Aber es geht um noch mehr. Es geht letztlich darum, die Vision einer Gesellschaft zu zeigen, die menschenwürdig ist, in der der Mensch nicht ein Teil einer Maschine ist, in der der Mensch nicht passiv ist, sondern aktiv partizipiert; in der der Mensch nicht bürokratisch verwaltet wird, in der er nicht tief gelangweilt ist. Viele Menschen fühlen das, aber zum großen Teil unbewußt. Dieses Gefühl kann bewußtgemacht werden durch Einflüsse, die sich an den ganzen Menschen richten und nicht nur an seinen Kopf und an das Interesse, den Krieg zu vermeiden. Dazu gehört auch ein systematischer und intensiver Versuch zur Entgötzung der Idole, von denen ich vorher gesprochen habe. Solange der Mensch Götzen anbetet, ist er nicht in der Lage, als freier Mensch, der sein Leben und das Leben anderer bejaht, zu denken und zu handeln. Mit der Verneinung der Idole oder mit dem Kampf gegen sie hängt die De-Eskalation des Hasses und der Gewalt zusammen. Ich glaube, daß der Haß und die Gewalt, auch im Dienste des Friedens, nur dem Haß und der Gewalt dienen. In einem Zeitalter, in dem wir aufs engste in unseren Möglichkeiten gebunden und eingeschränkt sind, nämlich im Zeitalter der nuklearen Waffen, ist die Entfachung des Hasses und der Gewalt, welchen Zielen sie auch dient, für den Frieden gefährlich. Darüber gibt es sehr verschiedene Meinungen auch unter denen, die als Utopisten gelten.

Eine Friedensbewegung kann nur dann erfolgreich sein, wenn sie über sich selbst als Friedensbewegung hinausweist und zu einer Bewegung des radikalen Humanismus wird, wenn sie imstande ist, an den ganzen Menschen zu appellieren – an den Menschen, der unter jenem Mangel an Lebendigkeit leidet, den diese Industriegesellschaft hervorbringt –, wenn sie eine Vision einer neuen Gesellschaft und eines neuen Menschen zeigen kann. Ob es der Friedensbewegung gelingt, die Menschen und damit indirekt auch die Regierenden und Machthaber für den Frieden zu gewinnen, bleibt dahingestellt. Ich glaube aber, daß nichts anderes als dieser Versuch möglich ist, um unter den gegebenen Bedingungen für den Frieden zu arbeiten. Auf lange Sicht kann nur eine radikale Veränderung der Gesellschaft einen dauernden Frieden schaffen.

[Aus der Diskussion:]

Ich möchte noch einmal auf die vorhin erörterte Frage der *Revolution* zurückkommen. Man kann die gegenwärtige Situation nicht besser erklären als durch den Marxschen Begriff des Widerspruchs zwischen den Produktivkräften und den Produktionsverhältnissen, das heißt den gesellschaftlichen, ideologischen und politischen Verhältnissen. In unserer Zeit ist dieser Widerspruch wahrscheinlich größer als je zuvor, und zwar als Widerspruch zwischen einer neuen Technologie, die auch die Waffentechnologie einschließt – Produktivkräften, die sich fast mit jedem Jahr verändern und vermehren einerseits, und sozialen, politischen und gedanklichen Formen, die einer alten Struktur der Produktivkräfte angehören, andererseits. Nach der Marxschen Theorie wäre das eine revolutionäre Situation – wie immer, wenn dieser Widerspruch entsteht. Ich glaube aber, daß wir nicht vor einer revolutionären Situation stehen, vor allem nicht in den zwei großen Bastionen der gegenwärtigen technologischen Gesellschaft, in den Vereinigten Staaten und in der Sowjetunion. Man kann freilich der Meinung sein, daß es sich um eine revolutionäre Situation handelt; dann muß man allerdings diese Meinung begründen. Ich halte es jedoch für sehr gefährlich, damit zu spielen und zu sagen: »Ja, vielleicht, es ist ja möglich, wenn auch nur ein bißchen.« Die Entscheidung, ob man in einer revolutionären Situation steht oder nicht, ist zunächst einmal die wichtigste politische Entscheidung, die zu treffen ist. Wenn man sie bejaht, dann folgt daraus *eine* Strategie; wenn man sie verneint, eine andere. Aber die beiden Dinge miteinander zu vermischen, oder auch nur mit einer kleinen Möglichkeit zu rechnen, die man aber nicht weiter begründet und für die man auch keine guten Gründe anführen kann, das führt zum Unglück. Ich möchte hier einmal an Lenin erinnern, der noch im Frühjahr 1917 geschrieben hat, daß das Motto: »Nieder mit der provisorischen Regierung« ein Ausdruck der »Phraseologie und des Abenteurertums« ist – und Lenin hat dieses Wort oft gebraucht. Denn, so schrieb er, wir stehen nicht in einer revolutionären Situation. Das war für Lenin eine zentrale Frage des Urteils. Wenn er heute lebte, würde er auf viele Äußerungen des sogenannten Radikalismus mit den Worten »Phraseologie und Abenteurertum« reagieren, was nichts über die guten Absichten sagt. Um die Absichten dreht es sich hier überhaupt nicht, sondern um die objektive Funktion. Ich glaube auch nicht, daß man von dem, was in Frankreich vor sich gegangen ist, Schlüsse ziehen kann auf das, was in den Vereinigten Staaten geschieht. Der Kollege aus der Tschechoslowakei hat die progressive Rolle der Arbeiter in seinem Lande erwähnt. Das ist ein ungeheuer wichtiges Ereignis ebenso wie die progressive Rolle der jüngeren Arbeiter in Frankreich in den Maitagen 1968. Aber wenn Sie die Vereinigten Staaten nehmen, so ist dort die Arbeiterschaft zum großen Teil konservativ, ja geradezu reaktionär.

Die andere *Alternative,* vor der wir stehen, und die ich für wahrscheinlich halte, ist das, was Lewis Mumford – einer der bedeutendsten amerikanischen Denker der Gegenwart – die »Megamaschine« genannt hat. Er meint damit eine neue Form der Gesellschaft, die sich so radikal von der bisherigen Gesellschaft unterscheidet, daß die Französische Revolution und die Russische Revolution im Vergleich zu dieser Veränderung verblassen: eine Gesellschaftsordnung, in der die Gesamtgesellschaft zu einer Maschine organisiert ist, in der das einzelne Individuum zum Teil der Maschine wird, programmiert durch das Programm, das der Gesamtmaschine gegeben wird. Der Mensch ist materiell befriedigt, aber er hört auf zu entscheiden, er hört auf zu denken, er hört auf zu fühlen und er wird dirigiert von dem Programm. Selbst jene, die die Maschine leiten – das muß man hinzufügen –, werden vom Programm dirigiert. Einer der wesentlichsten Züge dieses Programms ist die neue Moral des technologischen Staates: Man soll das tun, was man technisch tun kann. Das technisch Mögliche wird zum moralischen Wert. Wenn man zum Mond reisen kann, dann soll man es tun; wenn man die destruktivsten Waffen konstruieren kann, dann soll man es tun. Nicht mehr was für den Menschen gut, wahr und schön ist, sondern die Werte des technisch Möglichen werden zu den entscheidenden Werten, die das Handeln bestimmen. Das bedeutet in der Tat die Abdankung aller jener Werte, die die Menschheit in einigen Jahrtausenden geschaffen hat und die ihr Hoffnungen gegeben haben. Und das ist genau die Bedingung, die zur totalen Zerstörung führt.

Gibt es noch eine andere Alternative? Es gibt die Gegenkräfte eines ganz beträchtlichen Teils der Menschheit sowohl in den kommunistischen wie auch in den kapitalistischen Staaten. Es sind Menschen, die die humanistische Tradition noch nicht verloren haben, die noch das Leben lieben und keine Roboter werden wollen; sie protestieren gegen die Gefahr, die der Menschheit droht – nicht nur physisch durch die Ausrottung, sondern auch psychisch durch die Unterhöhlung alles dessen, was den Menschen zum Menschen macht. Dicse Gegenkräfte sind nicht einer Klasse oder einer politischen Ideologie zuzuteilen. Bei der amerikanischen Wahlkampagne von McCarthy hat sich sehr klar gezeigt, daß es von humanistischen Konservativen bis zu humanistischen Radikalen eine gemeinsame und sehr konkrete, durchaus nicht im traditionellen Sinn »liberale« Grundstimmung gibt, einen Protest im Namen des Lebens: gegen die Bürokratisierung, gegen den Krieg, gegen die Automatisierung des Menschen. Die einzige Hoffnung für den Frieden ist diese Gruppe von Menschen. Die Frage erhebt sich, ob sie stark genug ist, sich soweit durchzusetzen, daß sie den Gang zur Megamaschine und damit den Weg zum Krieg aufhält.

Was können wir tun? Zunächst einmal können wir diese Gruppe mobilisieren. Das ist meines Erachtens das einzig Realistische. Dabei geht es zunächst einmal um eine kompromißlose Analyse der Situation und um eine Entschleierung der Ideologien, der Entstellungen. Dies ist speziell die Aufgabe des Wissenschaftlers und des Intellektuellen. Zweitens geht es um ein Bewußtmachen dessen, worunter die meisten Menschen leiden, nämlich unter ihrer Angst, ihrer Isolierung, ihrer fast unerträglichen Entfremdung. Drittens müssen wir an den tiefen Wunsch der Menschen nach einer Gesellschaft appellieren, in der die menschliche Entfaltung nicht so behindert wird, wie in unserer technologischen Gesellschaft und in der die Unabhängigkeit des Menschen wiederhergestellt ist. Es geht um einen Appell an die lebendige humanistische Tradition, die noch da ist.

Es ist viel darüber gesprochen worden, ob der Mensch gut oder böse ist; in diesem Punkt stimme ich nicht mit Herrn Morgenthau überein, der die bösen Kräfte stärker betont, als ich es tun würde. Ich glaube, man hat die Güte des Menschen übertrieben und dabei vergessen, daß der Mensch tatsächlich zu beidem die Fähigkeit hat. Man darf hierbei jedoch ein biologisches Prinzip nicht vergessen: Der Mensch ist ein lebendiges Wesen und als solches versucht er zu leben, und jedes dieser Wesen will das Leben und nicht den Tod. Der Mensch ist durch Verhältnisse beeinflußt, die den größten Teil der menschlichen Geschichte beherrscht haben, und diese Verhältnisse waren so, daß der Tisch nur für wenige gedeckt war und Hunderttausende und Millionen nicht am Tische essen konnten. Diese Situation könnte sich nun zum ersten Mal ändern, wenngleich man auch hier nicht in einen so leichtfertigen Optimismus verfallen darf, als ob morgen schon – wenn die politischen Bedingungen gegeben sind – die unterentwickelten Völker satt werden könnten. Auch das wird im besten aller Fälle lange Zeit dauern, und es wird nur ohne Haß und Fanatismus und ohne Entrüstung zu erreichen sein. Ich möchte allerdings davor warnen, daß sich hinter der Entrüstung oft ein Haß verbirgt, der als moralische Entrüstung rationalisiert wird. Es gibt Menschen, bei denen man das Gefühl hat, sie wüßten nicht mehr, was sie mit ihrem Leben anfangen sollen, wenn sie nicht einen Gegenstand zur Entrüstung haben. Jedenfalls verfälscht der Haß nicht nur das Urteil, er entfremdet auch viele von denen, an die wir appellieren wollen. Wir müssen verstehen, erklären und aufklären.

Eine andere, wichtige Aufgabe besteht darin, neue Möglichkeiten der *Demokratie* zu erarbeiten. Sicher ist die Demokratie, wie sie im Augenblick praktiziert wird, zum großen Teil eine Farce. Doch wie kann man das, was in Amerika häufig »partizipierende Demokratie« genannt wird – die aktive Teilnahme des Menschen am demokratischen Prozeß – erreichen? Wie kann man die existierende parlamentarische Demokratie durch neue

Formen ergänzen? Hier lassen sich viele Vorschläge machen, die durch ihre eigene Logik auf die Einbildungskraft eine gewisse Wirkung haben werden. Auch wir, die wir für den Frieden sprechen, dürfen nicht mehr nur von den traditionellen Begriffen ausgehen. Wir müssen vielmehr auf ganz neue Vorstellungen und Ideen kommen, die an die Einbildungskraft der Menschen appellieren. Was Herr Jungk und andere gesagt haben, geht ja ganz in dieselbe Richtung.

Ferner brauchen wir eine neue Art der *Politik*, eine Politik, die nicht mehr vom gesamten Menschen getrennt ist. Die Menschen sind der Politik gegenüber skeptisch geworden. Wir erfassen die Menschen nur dann, wenn wir an den ganzen Menschen appellieren und wenn Politik wieder ein Teil seiner Weltanschauung wird; wenn wir an das appellieren, was über Politik hinausgeht und woran einmal der Sozialismus zur Zeit von Marx bis zum Beginn dieses Jahrhunderts appelliert hat und dem er seine ungeheuren Erfolge verdankt. Diese Sprache, die nicht nur an ökonomische Interessen appellierte, war die Sprache der prophetischen Botschaft in einer säkularisierten Form.

Schließlich wäre es wichtig, spontane Gruppenaktivitäten nicht nur zu organisieren, sondern zu fördern. Die Friedensbewegung müßte gerade in der Unterstützung von Gruppenaktivitäten sehr erfinderisch sein. Die Aussichten sind, statistisch gesehen, für den Frieden nicht gut, aber es gibt noch Chancen.

Was wir im Augenblick brauchen, ist eine Atempause, in der die Menschheit zur Besinnung kommen kann, in der die humanistischen Kräfte wirken können, in der vor den Gefahren gewarnt werden kann und neue Visionen aufgezeigt werden können. Wir haben den Vorteil, daß wir uns auf eine Tradition berufen können, die von den Propheten bis zur Gegenwart reicht und die noch nicht tot ist und daß diese Sehnsucht nach Leben und nach der Verwirklichung der menschlichen Substanz heute in allen Klassen und Altersstufen vorhanden ist. Unser Vorteil ist es auch, daß die Vertreter der Megamaschine, die Vertreter der technologischen Gesellschaft, selbst keine Ideen haben. Es hat sich in der Geschichte oft gezeigt, daß Ideen, der Ideenlosigkeit gegenübergestellt, eine unerwartete Durchschlagskraft haben können. Was wir brauchen, ist eine neue Haltung, fast möchte ich sagen, eine Kombination von zynischem Realismus und Glauben, ein Vermeiden aller Sentimentalität, aller Irrationalität, verbunden mit dem Glauben an die realen Möglichkeiten. Gerade dies ist das Paradoxon der Hoffnung: Die Hoffnung ist ja weder ein passives Warten auf etwas, das vielleicht nie kommt, noch ein Erzwingenwollen dessen, was im Augenblick nicht kommen kann. Es ist schwer, mit dem Paradoxon der Hoffnung zu leben, aber das ist meiner Meinung nach für uns alle die einzige Möglichkeit.

Anhang

Editorische Anmerkungen und Copyrightvermerke zu den einzelnen Essays

Seite 9: ›Der Ungehorsam als ein psychologisches und ethisches Problem‹
›Der Ungehorsam als ein psychologisches und ethisches Problem‹ wurde von Fromm für einen Sammelband geschrieben, der angesichts der Bedrohung der Menschheit durch die atomare Rüstung die verschiedensten ethisch engagierten Persönlichkeiten zu Wort kommen lassen will. Fromm steht mit seiner »Predigt« des Ungehorsams in einer Reihe mit Persönlichkeiten wie Günther Anders, Martin Buber, Danilo Dolci, Bertrand Russell, Albert Schweitzer oder Carl-Friedrich von Weizsäcker.

›Der Ungehorsam als ein psychologisches und ethisches Problem‹ erschien erstmals unter dem Titel ›Disobedience as a Psychological and Moral Problem‹ in Clara Urquhart, ›A Matter of Life‹, London 1963 bei Jonathan Cape, dann innerhalb der Gesamtausgabe der Werke Fromms bei der Deutschen Verlags-Anstalt, Stuttgart 1981, Bd. 9.

Seite 19: ›Die Anwendung der humanistischen Psychoanalyse auf die marxistische Theorie‹
›Die Anwendung der humanistischen Psychoanalyse auf die marxistische Theorie‹ ist einer der wichtigsten Aufsätze, die Fromm überhaupt verfaßt hat. Ähnlich wie in den ersten Aufsätzen, die 1932 bis 1935 in der ›Zeitschrift für Sozialforschung‹ erschienen, geht es auch in diesem 1965 entstandenen Beitrag um die Frage des Zueinanders von Psychoanalyse und historischem Materialismus. Während jedoch die frühen Aufsätze noch ganz der Freudschen Libidotheorie verhaftet sind, steht hier der von Fromm entwickelte Begriff des »Gesellschafts-Charakters« im Mittelpunkt, mit dem Fromm die Entdeckung von Marx, daß der Mensch schon immer ein gesellschaftliches Wesen ist, und die Entdeckung von Freud, daß der Mensch schon immer ein vom Unbewußten bestimmtes Wesen ist, zusammendenkt und kombiniert. Mit Hilfe seiner kombinatorischen Theorie vom Gesellschafts-Charakter kann Fromm dann eine ganze Reihe von Fragen beantworten, die innerhalb der marxistischen Theorie im allgemeinen nur sehr unbefriedigend beantwortet wurden und werden.
›Die Anwendung der humanistischen Psychoanalyse auf die marxistische Theorie‹ ist Fromms eigener Beitrag in einem von ihm geplanten und herausgegebenen, als »Symposium« gedachten Sammelband, in dem Sozialisten verschiedener Couleur ihre Gedanken zu einem sozialistischen Humanismus einbrachten.

›Die Anwendung der humanistischen Psychoanalyse auf die marxistische Theorie‹ erschien erstmals unter dem Titel ›The Application of Humanist

Psychoanalysis to Marx's Theory‹ in dem von Erich Fromm herausgegebenen Band ›Socialist Humanism: An International Symposium‹, New York 1965 bei Doubleday, dann innerhalb der Gesamtausgabe der Werke Fromms bei der Deutschen Verlags-Anstalt, Stuttgart 1981, Bd. 5.

Seite 39: ›Propheten und Priester‹
›Propheten und Priester‹ entstand als Beitrag Fromms zu einer Festschrift für Bertrand Russell. Fromm traf Russell erstmals 1943 und dann vor allem im Zusammenhang mit seinen Initiativen für Frieden und Abrüstung Ende der fünfziger und Anfang der sechziger Jahre. Russell gehört zu den wenigen Menschen, die Fromm bewunderte. Seine Fähigkeit zum Ungehorsam und zum Revolutionären wurzelte in einer uneingeschränkten Liebe zum Leben. Für Fromm verkörperte Russell eben jenes biophile Engagement, das Fromm seit seiner Kindheit von den jüdischen Propheten her kannte. Der Beitrag handelt deshalb nicht nur von Russell und vom Propheten im Unterschied zum Priester; er zeigt auch die Zielvorstellungen und Haltungen, denen Fromm selbst zu folgen versuchte.

›Propheten und Priester‹ erschien erstmals unter dem Titel ›Prophets and Priests‹ in Ralph Schoenman, ›Bertrand Russell, Philosopher of the Century: Essays in his Honour‹, London 1967 bei Allen & Unwin, dann innerhalb der Gesamtausgabe der Werke Fromms bei der Deutschen Verlags-Anstalt, Stuttgart 1981, Bd. 5.

Seite 57: ›Zum Problem einer umfassenden philosophischen Anthropologie‹
Die vorliegende Fassung des Beitrags ist eine Überarbeitung eines Vortrags, die erstmals im Jahre 1966 im Publikationsorgan der American Humanist Association veröffentlicht wurde; die American Humanist Association erklärte Fromm im Jahre 1966 zum »Humanisten des Jahres«. (Vgl. die Laudatio von G. A. Ehrenreich anläßlich der Erklärung am 30. 4. 1966 in Asilomar, Californien, in: ›The Humanist‹ [July/August 1966], S. 118.)

›Zum Problem einer umfassenden philosophischen Anthropologie‹ erschien erstmals unter dem Titel ›A Global Philosophy of Man‹ in: ›The Humanist‹, Yellow Springs, Ohio, 26 (1966), S. 117–122, dann innerhalb der Gesamtausgabe der Werke Fromms bei der Deutschen Verlags-Anstalt, Stuttgart 1981, Bd. 9.

Seite 69: ›Den Vorrang hat der Mensch!‹ und Seite 87: ›Humanistischer Sozialismus‹
›Den Vorrang hat der Mensch!‹ und ›Humanistischer Sozialismus‹ erschienen

erstmals unter dem Titel ›Den Vorrang hat der Mensch! Ein sozialistisches Manifest und Programm‹. Dieses Manifest ist ein einzigartiges Zeugnis für Fromms politische Aktivitäten. Bald nach der Veröffentlichung von ›The Sane Society‹ (1955 a, GA IV), das nicht nur eine ausführliche Erörterung des Sozialismus enthält, sondern auch konkrete Vorschläge für die Veränderung der Gesellschaft, begann Fromm, sich in der konkreten Alltagspolitik der Vereinigten Staaten zu engagieren. 1957 gründete er mit anderen zusammen SANE, die größte Friedensbewegung der USA, außerdem trat er der Sozialistischen Partei der Vereinigten Staaten bei. Mit großem Einsatz versuchte Fromm, diese Partei mit seinen Vorstellungen eines humanistischen Sozialismus zu konfrontieren. Für ihn war die Socialist Party-Social Democratic Federation (SP-SDF) eine Partei, die »zur Stimme des wissenschaftlichen und moralischen Gewissens in den Vereinigten Staaten« werden sollte, wie Fromm in einer Werbeschrift für diese Partei formulierte.
Auf dem Nationalen Parteitag der SP-SDF in Detroit im Jahre 1958 wurde eine eigene Kommission gebildet, die sich mit der Neuformulierung des Parteiprogramms befassen sollte. Für diese Kommission hat Fromm ›Let Man Prevail‹ geschrieben. Die Reaktionen auf Fromms Versuch, mit seinem Programm die überbrachten sozialistischen Vorstellungen zu revidieren, waren innerhalb der Kommission selbst sehr gespalten. Manche stimmten ihm enthusiastisch bei, andere meldeten ihren Widerspruch an. Da nach Fromms Vorstellungen die Annahme seines Programmentwurfs nur von der breiten Basis aus möglich war, wurde sein Entwurf veröffentlicht und zur Diskussion gestellt. Die Kommission war sich »einig, daß dieses Manifest von Dr. Fromm ein sehr wichtiges und provozierendes Dokument ist, das die Grundlage für weitere Erörterungen darstellt und sehr sorgfältiger Prüfung bedarf« (Darlington Hoopes, der Bundesvorsitzende der Partei, in seiner Einleitung zur Veröffentlichung von ›Let Man Prevail‹). – Diese Formulierung mag bereits verraten, daß es bei der Rezeption der Frommschen Sozialismus-Vorstellungen erhebliche Schwierigkeiten innerhalb der Partei gab. So kam es, daß Fromm wieder aus der Partei austrat, als sich ein unüberwindlicher Widerstand gegen seine Vorstellungen von seiten der Partei-Bürokratie zeigte.

›Den Vorrang hat der Mensch!‹ und ›Humanistischer Sozialismus‹ erschienen erstmals unter dem Titel ›Let Man Prevail: A Socialist Manifesto and Program‹, New York 1960, The Call Association, dann innerhalb der Gesamtausgabe der Werke Fromms bei der Deutschen Verlags-Anstalt, Stuttgart 1981, Bd. 5, unter dem Titel ›Den Vorrang hat der Mensch! Ein sozialistisches Manifest und Programm‹.

Seite 105: ›Psychologische Aspekte zur Frage eines garantierten Einkommens für alle‹
Der Beitrag ›Psychologische Aspekte zur Frage eines garantierten Einkommens für alle‹ erschien erstmals in einem Sammelband, den Robert Theobald im Jahre 1966 zur Frage eines garantierten Mindesteinkommens für alle als den nächsten Schritt in der ökonomischen Entwicklung herausbrachte. Bereits

in ›The Sane Society‹ (1955 a) hatte Fromm bei seinen praktischen Vorschlägen zur Neugestaltung der Gesellschaft die Möglichkeit eines allgemeinen Anspruchs auf ein Existenzminimum erörtert. In Theobalds Sammelband sollte Fromm die spezifisch psychologischen Fragen erörtern, die mit der Möglichkeit eines garantierten Einkommens gesetzt würden. Andere Autoren sind Ben B. Seligman, Meno Lovenstein, Edward E. Schwartz, Marshall McLuhan und andere.

›Psychologische Aspekte zur Frage eines garantierten Einkommens für alle ‹ erschien erstmals unter dem Titel ›The Psychological Aspects of the Guaranteed Income‹ in R. Theobald, ›The Guaranteed Income‹, New York 1966 bei Doubleday, dann innerhalb der Gesamtausgabe der Werke Fromms bei der Deutschen Verlags-Anstalt, Stuttgart 1981, Bd. 5.

Seite 117: ›Gründe für eine einseitige Abrüstung‹
Neben dem Interesse an außenpolitischen Fragen waren es vor allem Fragen der Abrüstung und der Entspannung, für die sich Fromm seit Ende der fünfziger Jahre engagierte. ›Gründe für eine einseitige Abrüstung‹ zeigt Fromms geistige Nähe zu allen Kräften, die sich mit der Friedenssicherung angesichts des militärischen Vernichtungspotentials in Ost und West beschäftigten. Fromms Ansatz ist bei der Frage der Abrüstung ein ganz ähnlicher wie bei den außenpolitischen Fragen: Er spürt die tiefe und bedrohliche Irrationalität des militärischen und politischen Versuchs, die Zukunft durch Vernichtungsdrohungen und Abschreckungsstrategien zu sichern. Dieses Gespür läßt ihn zunächst Menschen suchen, die ähnliches spüren, egal von welchen religiösen oder philosophischen Hintergründen diese Menschen sensibilisiert wurden, in gleicher Weise die Irrationalität und Bedrohlichkeit der Entwicklung zu fühlen. Hier sind zunächst zu nennen: David Riesman, Roger Hagan und vor allem Michael Maccoby, aber auch zum Teil die Autoren, die er in ›The Case for Unilateral Disarmament‹ nennt und zitiert, unter ihnen einige Quäker, mit denen sich Fromm in diesen Jahren besonders verbunden wußte.
Die andere Reaktion auf das Gespür der Irrationalität war der Versuch, sich auf die Argumentation einzulassen, jedoch ihre innere Widersprüchlichkeit und Hoffnungslosigkeit aufzudecken, um sie mit der Logik einer konsequenten Friedenspolitik zu konfrontieren. Ihre Überzeugungskraft haben Fromms Argumente weniger aufgrund ihrer Brillanz oder Raffiniertheit, als vielmehr aufgrund ihres Anspruchs, das Humane zu vertreten, das in einer authentischen Ehrfurcht vor dem Leben wurzelt. So objektiv und versachlicht die Argumentation geführt wird, um überzeugen zu können, so sehr bekommt sie ihre Argumentationskraft von der sie vortragenden Persönlichkeit und von der Fähigkeit des Hörenden, wenigstens noch ansatzweise ein Gespür für die Ehrfurcht vor dem Leben zu haben. Fromms Engagement in den Friedensbewegungen und Friedensinitiativen – von der Frage der bilateralen oder einseitigen Abrüstung über die Forderung nach einem Atombombenversuchsstop bis hin zu Fragen der Zivilverteidigung und der Schutzunterkünfte für den

Fall eines atomaren Krieges – ist der Versuch, die Funktionen eines Therapeuten im gesellschaftlichen und politischen Bereich wahrzunehmen, wo eine Gesellschaft dem Wahnsinn der atomaren Selbstvernichtung anheimzufallen droht.
›The Case for Unilateral Disarmament‹ wurde von Fromm für eine Sondernummer von ›Daedalus‹ geschrieben, die sich ganz dem Thema der Rüstungskontrolle widmete.

›Gründe für eine einseitige Abrüstung‹ erschien erstmals unter dem Titel ›The Case for Unilateral Disarmament‹ in ›Daedalus‹, Journal of the American Academy of Arts and Sciences, Cambridge (Mass.) 1960, S. 1015–1028, bei der Wesleyan University Press, dann innerhalb der Gesamtausgabe der Werke Fromms bei der Deutschen Verlags-Anstalt, Stuttgart 1981, Bd. 5.

Seite 135: ›Zur Theorie und Strategie des Friedens‹
Seit 1965 hatte Oskar Schatz vom Österreichischen Rundfunk ›Salzburger Humanismusgespräche‹ initiiert und organisiert. Im Jahre 1968 standen sie unter dem Rahmenthema »Theorie und Strategie des Friedens – Modelle einer befriedeten Welt jenseits von Ideologie und Machtpolitik«. Auch Erich Fromm nahm an den Gesprächen teil, die vom 10. bis 13. September 1968 auf Schloß Klesheim bei Salzburg stattfanden, und hielt ein Referat zum Thema ›Zur Theorie und Strategie des Friedens‹ (1970h). Andere Referenten waren u. a. Hans J. Morgenthau, Herbert Marcuse, Hans-Eckehard Bahr, René Marcic, Friedrich J. Hacker und Robert Jungk. Fromms Referat, das er wie gewöhnlich aus dem Stegreif hielt, wurde aufgezeichnet und mit den anderen Referaten sowie Teilen aus der Disskussion von O. Schatz 1970 veröffentlicht.

›Zur Theorie und Strategie des Friedens‹ erschien erstmals in: O. Schatz (Hrsg.), ›Der Friede im nuklearen Zeitalter. Eine Kontroverse zwischen Realisten und Utopisten‹. 4. Salzburger Humanismusgespräch, München 1970, S. 19–33, 200, 227f., 241–245 beim Manz Verlag, dann innerhalb der Gesamtausgabe der Werke Fromms bei der Deutschen Verlags-Anstalt, Stuttgart 1981, Bd. 5.

American Friends Committee, 1955: Speak Truth to Power. Quaker Search for an Alternative to Balance. New York 1955

Baumgarth, Ch., 1966: Geschichte des Futurismus. Rowohlts Deutsche Enzyklopädie, München 1966 (Rowohlt Verlag)

Cassirer, E., 1932: Die Philosophie der Aufklärung. Tübingen 1932 (Verlag Mohr)

Davis, J., und Hester, H. B., 1959: On the Brink. New York 1959 (Lyle Stuart)

Fromm, E.: Gesamtausgabe (GA) in 10 Bänden. Herausgegeben von Rainer Funk. Stuttgart 1980/1981 (Deutsche Verlags-Anstalt)

–, 1930 a: Die Entwicklung des Christusdogmas. Eine psychologische Studie zur sozialpsychologischen Funktion der Religion. In: Imago. Zeitschrift für Anwendung der Psychoanalyse auf die Natur- und Geisteswissenschaften, Wien 16 (1930), S. 305–373; GA VI, S. 11–68

–, 1932 b: Die psychoanalytische Charakterologie und ihre Bedeutung für die Sozialpsychologie. In: Zeitschrift für Sozialforschung, Leipzig 1 (1932), S. 253–277; GA I, S. 59–77

–, 1941 a: Escape from Freedom. New York 1941 (Farrar, Straus & Giroux); deutsch: Die Furcht vor der Freiheit. Zürich 1945 (Steinberg); Frankfurt/Köln 1966 (Europäische Verlagsanstalt); GA I

–, 1947 a: Man for Himself. An Inquiry into the Psychology of Ethics. New York 1947 (Holt, Rinehart and Winston); deutsch: Psychoanalyse und Ethik, Zürich 1954 (Diana Verlag); Stuttgart 1979 (Deutsche Verlags-Anstalt); sowie: Psychoanalyse und Ethik. Bausteine zu einer humanistischen Charakterologie, GA II

–, 1955 a: The Sane Society. New York 1955 (Holt, Rinehart and Winston); deutsch: Der moderne Mensch und seine Zukunft. Eine sozialpsychologische Untersuchung. Frankfurt/Köln 1960 (Europäische Verlagsanstalt); sowie: Wege aus einer kranken Gesellschaft, GA IV

–, 1961 b: Marx's Concept of Man. With a Translation from Marx's Economic and Philosophical Manuscripts by T. B. Bottomore. New York 1961 (F. Ungar Publishing Co.); deutsch: Das Menschenbild bei Marx. Mit den wichtigsten Teilen der Frühschriften von Karl Marx. Frankfurt 1963 (Europäische Verlagsanstalt); sowie: Das Menschenbild bei Marx, GAV

–, 1962 a: Beyond the Chains of Illusion. My Encounter with Marx and Freud. New York 1962 (Simon and Schuster); deutsch: Jenseits der Illusionen. Zürich 1967 (Diana Verlag); Stuttgart 1981 (Deutsche Verlags-Anstalt); sowie: GA IX

–, 1964 a: The Heart of Man. Its Genius for Good and Evil. New York 1964 (Harper and Row); deutsch: Das Menschliche in uns. Die Wahl zwischen Gut und Böse. Zürich 1968 (Diana Verlag); sowie: Die Seele des Menschen. Ihre Fähigkeit zum Guten und zum Bösen. Stuttgart 1979 (Deutsche Verlags-Anstalt); GA II

–, 1965a: Socialist Humanism. An International Symposium. Herausgegeben von Erich Fromm, New York 1965 (Doubleday)
Gregg, R. B., 1959: The Power of Nonviolence. Nyack-New York 1959 (Fellowship Publications)
Kahn, H., 1958: Report on a Study of Non-Military Defense. Santa Monica 1958 (Rand Corp.)
Kennan, G. F., 1959: Foreign Policy and Christian Conscience. In: The Atlantic Monthly, May 1959
King-Hall, St., 1959: Defense in the Nuclear Age. Nyack-New York 1959 (Fellowship Publications)
Korff, H. A., 1958: Geist der Goethezeit. 4 Bände, Leipzig 1958 (Koehler & Amelang)
Luther, M., 1967: (Auch) Wider die räuberischen und mörderischen Rotten der (andern) Bauern. In: Luther Deutsch. Die Werke Martin Luthers in neuer Auswahl für die Gegenwart, herausgegeben von Kurt Aland, Band 7, S. 191–197, Stuttgart/Göttingen 1967 (Ehrenfried Klotz/Vandenhoeck & Ruprecht)
Luxemburg, R., 1904: Leninismus oder Marxismus? Zuerst veröffentlicht in der russischen Zeitschrift ›Iskra‹; dann unter dem Originaltitel Organisationsfragen der Russischen Sozialdemokratie. In: Neue Zeit, Stuttgart 1904
Marx, K., MEGA, Karl Marx und Friedrich Engels: Historisch-kritische Gesamtausgabe (= MEGA). Werke – Schriften – Briefe. Im Auftrag des Marx-Engels-Lenin-Instituts Moskau herausgegeben von V. Adoratskij; 1. Abteilung: Sämtliche Werke und Schriften mit Ausnahme des ›Kapital‹, 6 Bände, zitiert: I, 1 bis 6; 2. Abteilung: das ›Kapital‹ mit Vorarbeiten; 3. Abteilung: Briefwechsel; 4. Abteilung: Generalregister, Berlin 1932
–, MEW: Karl Marx und Friedrich Engels: Werke (MEW). Herausgegeben vom Institut für Marxismus–Leninismus beim ZK der SED, Berlin (Dietz Verlag)
–, MEW 13: Zur Kritik der politischen Ökonomie. In: Marx-Engels-Werke (MEW), Band 13, S. 3–160, Berlin 1961 (Dietz Verlag)
–, MEW Erg. I: Ökonomisch-philosophische Manuskripte aus dem Jahre 1844. In: Marx-Engels-Werke (MEW), Ergänzungsband I, S. 465–588, Berlin 1968 (Dietz Verlag)
–, 1971: Die Frühschriften. Herausgegeben von Siegfried Landshut (= Kröners Taschenausgabe 209), Stuttgart 1971 (Verlag Kröner)
Mayo, E., 1933: The Human Problems of an Industrial Civilization. New York 1933 (The Macmillan Co.)
Mills, C. W., 1959: The Causes of World War Three. New York 1959 (Simon and Schuster); deutsch: Politik ohne Verantwortung. München 1963 (Kindler Verlag)
Mumford, L., 1958: The Human Way Out. Pendell Hill Pamphlet No. 97, Washington 1958
National Planning Association of America, 1958: 1970 Without Arms Control. Implications of Modern Weapons Technology. Herausgegeben vom National Planning Association Special Project Committee on Security through Arms Control, Planning Pamphlet No. 104, Washington, May 1958

Osgood, Ch. E., 1959: Suggestions for Winning the Real War with Communism. In: Conflict Resolution 3 (No. 4, December 1959), S. 131ff
–, 1960: A Case for Graduated Unilateral Disengagement. In: Bulletin of the Atomic Scientists 16 (No. 4, 1960), S. 127ff
Russell, B., 1910: Philosophical Essays. London 1910 (Longmans, Green and Co.)
–, 1916: Principles of Social Reconstruction. London 1916 (George Allen & Unwin)
–, 1931: The Scientific Outlook. London 1931 (George Allen & Unwin); deutsch: Das naturwissenschaftliche Zeitalter. Sammlung Die Universität, Band 38, Wien 1953 (Humboldt Verlag)
–, 1950: Mysticism and Logic and Other Essays. London 1950 (George Allen & Unwin); deutsch: Mystik und Logik. Philosophische Essays. Wien 1952 (Humboldt Verlag)
–, 1950a: Unpopular Essays. London 1950 (George Allen & Unwin); deutsch: Unpopuläre Betrachtungen. Zürich 1951 (Europa Verlag).
–, 1954: Man's Peril from the Hydrogen Bomb. London 1954
–, 1959: Common Sense and Nuclear Warfare. London 1959 (George Allen & Unwin); deutsch: Vernunft und Atomkrieg. Wien 1959 (Desch Verlag)
Schaff, A., 1965: Marxismus und das menschliche Individuum. Wien, Frankfurt, Zürich 1965 (Europa Verlag)
Thomas, H., 1961: The Spanish Civil War. New York 1961 (Harper & Bros.); deutsch: Der spanische Bürgerkrieg. Berlin, Frankfurt, Wien 1962
Young, P. B., 1959: The Renunciationists. In: Airpower. The Air Force Historical Foundation, Band VII (Nr. 1, 1959)

Register

dialog und praxis

Psychologie · Analyse · Therapie

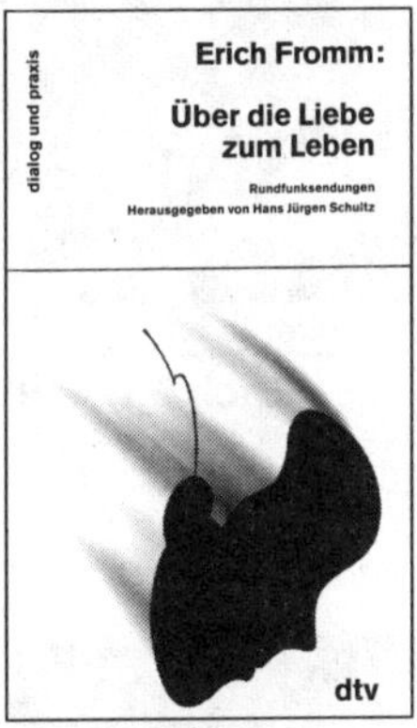

dtv 15018

dtv 15030

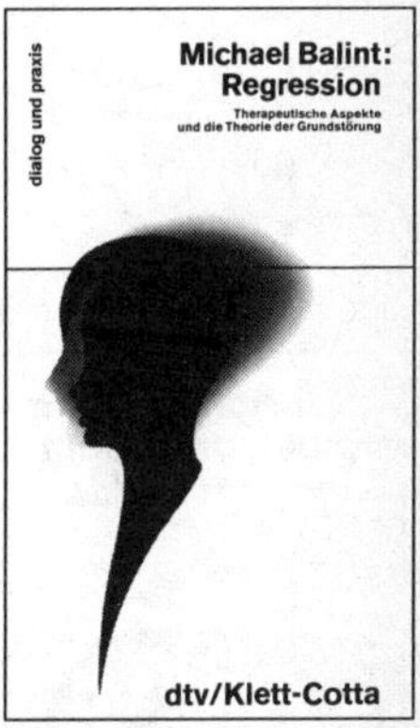

dtv 15028

Erich Fromm:
Psychoanalyse und Ethik dtv 15003
Psychoanalyse und Religion dtv 15006
Über den Ungehorsam dtv 15011
Die Revolution der Hoffnung
Für eine Humanisierung der Technik dtv 15035
Sigmund Freuds Psychoanalyse – Größe und Grenzen dtv 15017

Bruno Bettelheim:
Freud und die Seele des Menschen dtv 15026

Herbert Will:
Georg Groddeck
Die Geburt der Psychosomatik dtv 15034

Christopher Lasch:
Das Zeitalter des Narzißmus dtv 15024

Arno Gruen:
Verrat am Selbst
Die Angst vor Autonomie bei Mann und Frau dtv 15016

Verena Kast:
Wege aus Angst und Symbiose
Märchen psychologisch gedeutet dtv 15031

Peter Schellenbaum:
Das Nein in der Liebe
Abgrenzung und Hingabe in der erotischen Beziehung dtv 15023

Eva Jaeggi:
Wir Menschenbummler
Autobiographie einer Psychotherapeutin dtv 15014

Ronald D. Laing:
Das geteilte Selbst
Eine existentielle Studie über geistige Gesundheit und Wahnsinn dtv 15029

Leo Navratil:
Schizophrenie und Dichtkunst dtv 15020

Arnold Lazarus / Allen Fay:
Ich kann, wenn ich will
Anleitung zur psychologischen Selbsthilfe dtv 15002

Cary L. Cooper:
Streßbewältigung
Person, Familie, Beruf dtv 15027

Erich Fromm im dtv

dtv 1490

dtv 15011

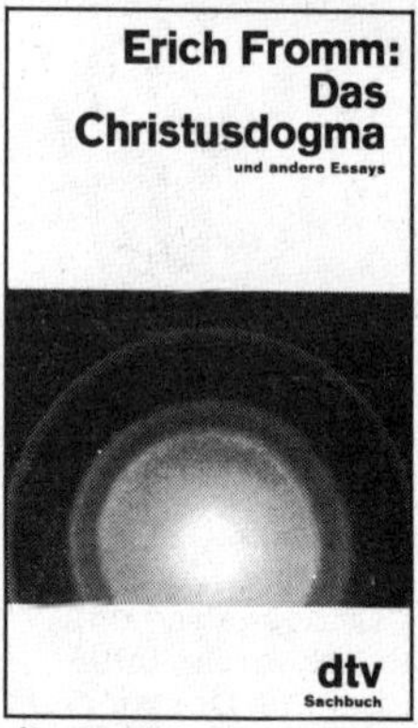

dtv 10281

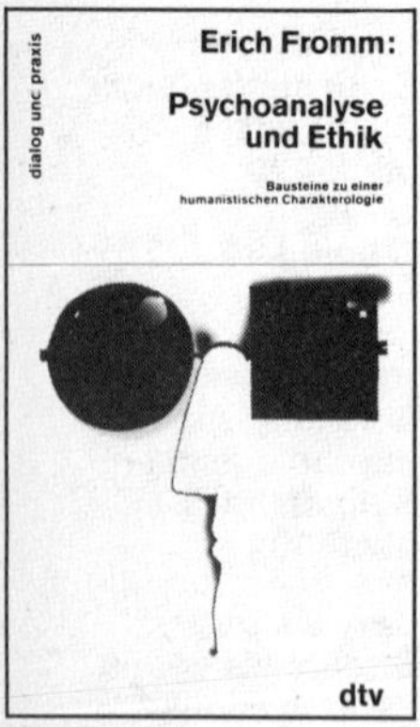

dtv 15003

dtv 15006

dtv 15017